소쇄원瀟灑園 한시선漢詩選

편역자 소개

김대현 kdh@jnu.ac.kr

현재 전남대학교 국어국문학과 교수, 대학원 한문고전번역학과, 대학원 문화재학과의 교수로 있다. 아울러 사) 호남지방문헌연구소 소장으로 있으면서 호남 지방 문헌에 대한 연구를 하고 있다. 또 '김대현 교수의 주제별 한시선' 편역 작업을 하고 있으며, 『호남누정 기초목록』(전남대출판문화원, 2015년) 『광주문화재단 누정총서 10권』(공편, 심미안, 2018년) 등 누정 원림에 대한 기초 자료를 정리하였다.

김대현 교수의 주제별 한시선 5

소쇄원瀟灑園 한시선漢詩選

인 쇄 2023년 2월 25일
발 행 2023년 2월 28일

편 역 김대현

발행인 정성택

발행처 전남대학교출판문화원
등 록 1981. 5. 21. 제53호
주 소 61186 광주광역시 북구 용봉로 77
전 화 (062) 530-0571~2
영업부 (062) 530-0573
팩 스 (062) 530-0579
홈페이지 http://www.cnup.co.kr
이메일 cnup0571@hanmail.net

값 10,000 원

ISBN 978-89-6849-965-4 (93810)

본문의 그림은 천득염 교수님의 허락을 받아 소쇄원 홈페이지 (http://www.soswaewon.co.kr/) 에서 발췌하여 사용하였습니다.

김대현 교수의 주제별 한시선 5

소쇄원 한시선

瀟灑園漢詩選

김대현 편역

전남대학교출판문화원

■ 머리말

하늘의 달은 천 줄기 강물에 비친다고 하는데, 하늘의 별이 땅에 내려오면 무엇이 될까? 아마도 어느 언덕에 아름다운 누정으로 변하지 않았을까. 그 누정 곁에 꽃과 나무를 심고, 한 쪽에는 작은 담장이라도 두르면 바로 아름다운 정원이나 원림이 된다.

우리나라는 사계절이 뚜렷하고 산천이 수려하다. 그래서인지 한반도 곳곳에는 수많은 원림과 누정이 있고, 호남지방에만 해도 4천여 곳이 넘는 누정이 있었다. 우리나라 누정원림은 자연친화적이고 누구나 쉽게 접근할 수 있는 개방적인 구조로 우리의 소중한 전통문화유산이다. 그 가운데 대표적인 개인 원림이 소쇄원瀟灑園이다.

소쇄원은 전라남도 담양군 가사문학면 지곡리에 있다. 16세기 산림처사 소쇄옹 양산보(1503~1557)에 의하여 건립이 시작되어 오늘날까지 전해온다. 원림의 창건자 양산보는 기묘사화로 인한 시대의 아픔 때문에 벼슬에 나아가지 않았고 평생 처사의 삶을 살았다. 소쇄원 후손들은 그의 뜻을 이어 지금까지도 원림을 잘 지키고 가꾸어오고 있다.

소쇄원의 '소쇄瀟灑'는 맑고 깨끗하다는 뜻이다. 맑을

소瀟나 깨끗할 쇄灑자는 어려운 한자이지만, '소쇄'라는 단어의 시원한 어감이나 뜻으로 인해 옛 문인들 사이에 시어로 많이 사용되었다. 소쇄원은 고산鼓山을 배경으로 그 계곡을 흐르는 물과 지형을 활용하여 자연스럽게 조영된 원림이다. 그 곳에 양산보는 누각과 대, 담장과 문, 그리고 각종 식물을 심어 자신의 이상을 구현하였다. 소쇄원은 조선시대 특유의 조경 문화를 대표하는 곳으로, 현재 명승 제40호로 지정되어 있다.

소쇄원의 원림으로서의 가치는 조경에만 있는 것이 아니다. 소쇄원 주인 양산보의 은자로서의 삶과 함께 송순, 김인후, 기대승, 고경명 등 그가 교유했던 수많은 문인들이 수시로 소쇄원을 찾아 남긴 시문이 전해오기 때문이다.

소쇄원의 한시는 1755년에 『소쇄원사실瀟灑園事實』이라는 책으로 간행된 바 있다. 『소쇄원사실』 3책은 처음 양산보의 후손 인재 양진태와 아들 손자 3대에 걸쳐 기획되고 수집 정리되어서 출판이 이루어진 것이다. 이후 1963년 양만환 등 후손들에 의하여 석인본 3책으로 다시 간행되었다. 또한 소쇄원의 배치를 목판으로 새긴 「소쇄원도瀟灑園

圖」가 실려 있어 가치를 더한다. 소쇄원 곳곳의 명칭과 함께 목판의 상단에는 하서 김인후의 「소쇄원 48영」 시제도 함께 새겨져 있어 소쇄원의 한시를 이해하는데 큰 도움을 준다.

20여 년 전부터 필자는 소쇄원에 대한 몇 편의 논문을 썼고, 또한 틈나는 대로 소쇄원을 찾아서 시문을 감상하는 즐거움을 누렸다. 몇 년 전에는 전남대학교 '소쇄원 연구회' 회원들과 관련 한시를 함께 읽기도 하였다. 그때 읽었던 원고가 바탕이 되어 이 책을 엮을 수 있게 되었다. 그 시간을 함께 해준 회원들에게 감사드린다.

이 책 『소쇄원 한시선』에는 소쇄원이 만들어질 때부터 근대기까지 지어진 한시 150여 수 가량이 수록되어 있다. 처음에는 하서 김인후의 「소쇄원 48영」, 방암 양경지의 「소쇄원 30영」에 대한 좀 더 완전한 번역을 꿈꾸었다. 그러다 소쇄원의 현판 한시, 나아가 관련된 중요한 작품들을 추가하면서, 이 한시선집이 만들어지게 되었다.

원림을 몇 번 거닐다보니 많은 세월이 흘러갔다. 이런 옛 작품이 바쁘게 현대를 살아가는 이들에게 어떤 도움이 될지는 모르겠다. 다만 소쇄원의 물소리, 나뭇잎 사이의 그 빛, 정갈한 한옥, 그 사이에 새겨진 선인들의 여유를 함께 나누고 싶다. 소쇄한 삶을 꿈꾸는 여러 벗들에게도 작은 이 책이 도움이 되었으면 좋겠다.

2023년 이른 봄에 무등산을 바라보며
김대현

■ 작자 연대순 목차

鼓岩精舍

霽月堂

* 양산보(梁山甫, 1503~1557)

소쇄옹 제영

신선의 땅 찾기 어렵다고 어찌 한스러워하리
참된 모습 분명 이 산에 있을 거야
하늘과 땅 사이 자리해 넉넉하게 받아들이고
산수를 넓게 거두어 아스라이 끌어당겼네
세월이 몇 해던가 솔과 대는 오래되고
시 짓고 술 마시던 그 때의 벼루도 말라가네
편안하게 난간에 기대어 멀리 바라보니
세상 소식은 끊겨서 막혀 있구나

瀟灑翁 題詠	소쇄옹 제영
丹丘何恨訪尋難	단구하한방심난
眞界分明此一巒	진계분명차일만
曠占乾坤寬納納	광점건곤관납납
恢收山水引漫漫	회수산수인만만
風霜幾歲松筠老	풍상기세송균로
詩酒當年筆硯乾	시주당년필연건
散倚曲欄流顧眄	산의곡란유고면
世緣消息絶來干	세연소식절래간

이 제영시는 소쇄원에 현판으로 걸려있는 시이다. 소쇄옹은 이 시에 대하여 하서 김인후가 화답한 한시 「양형 언진을 찾아와 임정에서 글을 쓰다/ 訪梁兄彦鎭題林亭」도 남아 있는데, 이 시와 바로 이어서 소쇄원에 하나의 시판으로 만들어져 있다.

같은 '한寒' 운으로 되어 있는 시이기에, 소쇄원 제영시라고도 여겨지지만, 여기서는 그냥 현판의 쓰임대로 '소쇄옹 제영'이라고 남겨 둔다. 소쇄원을 조영하면서 비교적 늦게 지은 시로 보인다. 그런데 이 시는 「면앙정 제영」이라고도 알려져 『면앙집』에도 실려 있고, 또 면앙정에 시판으로도 걸려있다.

단구丹丘 : 밤이나 낮이나 항상 밝은 곳으로, 선인仙人이 산다는 전설적인 땅을 가리킨다. 신선의 땅을 말한다.

양산보의 호는 소쇄옹瀟灑翁으로 소쇄원 원림의 창건자이다. 그의 부친 창암 양사원이 지금의 소쇄원 앞인 창암 마을에 이주해 와서 살았기 때문에 양산보는 창암 마을에서 성장하였다. 15세 때 서울에 가서 조광조의 문하에 있다가, 기묘사화가 일어나자 낙향을 하고 은둔하였다. 이때 면앙정 송순, 하서 김인후 등 여러 문인들과 깊은 교유를 하면서 원림을 만들어나갔다. 지금 소쇄원 내원은 아름다운 건물들, 산책할 수 있는 길과 꽃과 나무 등이 잘 가꾸어져 있다. 한편 그의 많은 작품들은 정유재란을 당하여 아쉽게도 다 사라지고 말았는데, 현재 세 편의 작품만이 남아 있다. 이 책의 앞부분에 싣는다.

* 양산보(梁山甫, 1503~1557)

면앙정 제영

연이은 산봉우리 그 사이 흐르는 시내
앞서거니 뒤서거니 한가롭구나
너른 들판 펼쳐진 절벽 위에 누정 있어
소나무 사이 좁은 길 집의 섬돌에 닿네
넓은 들을 비춘 불빛은 모두 내가 보는 달
온 하늘을 덮은 구름은 모두 인가의 연기
청평한 승경 모든 것을 거두어들이니
푸른 들과 동쪽 산은 웃음 짓게 한다네

俛仰亭 題詠	면앙정 제영
崱崱羣山混混川	즉즉군산혼혼천
悠然瞻後忽瞻前	유연첨후홀첨전
田墟曠蕩亭欄斷	전허광탕정란단
松逕逶迤屋砌連	송경위이옥체련
大野燈張皆我月	대야등장개아월
長天雲起摠人烟	장천운기총인연
淸平勝界堪收享	청평승계감수향
綠野東山笑謾傳	녹야동산소만전

현재 소쇄옹의 한시는 앞의 소쇄옹 제영, 면앙정 제영 그리고 장편의 「효부孝賦」등 모두 세 작품이 남아 있다. 이 면앙정 제영시는 『면앙집』권7에 「차면앙정운次俛仰亭韻」으로 실려 있고, 현재 면앙정에 현판으로도 걸려있다. 『소쇄원사실』에 「내종형님 면앙정(송순)과 김형 후지(김인후)와 함께 읊다/ 內兄俛仰亭與金兄厚之共賦」라고 되어 있다. 면앙정을 읊은 시이지만 소쇄옹 양산보의 시이기에 여기에 함께 싣는다.

한편 1553년에 담양부사를 하던 오겸은 송순의 면앙정 중창에 큰 도움을 주었다. 그 중창이 이루어진 후에 시회가 크게 열렸고, 여기에서 「면앙정 차운시」나 「면앙정 30영」 등이 읊어졌다. 이 시도 그 당시 소쇄옹이 면앙정을 중창한 기념 제영으로 남긴 것으로 추측된다.

즉즉崱崱 : 잇닿을 즉. 연이어 있거나 우뚝 솟은 모습이다.

체련砌連 : 섬돌 체砌, 이을 련連으로 섬돌에 닿아 있다는 말이다.

* 양산보(梁山甫, 1503~1557)

효를 노래하다

아득한 천지 사이에 지극한 이치 두루 퍼져
수달도 보본하고 여우도 수구하네
하물며 사람으로서 근본을 모르랴
제 몸이 중하다면 자신은 어디서 나왔으며
천금의 눈과 얼굴은 어디서 이루어졌을까
(첫 부분임, 이하 생략)

孝賦	효부
茫茫兩間 至理周流	망망양간, 지리주류
淵獺報本 野狐首丘	연달보본, 야호수구
矧伊人矣 敢不自求	신이인의, 감부자구
莫愛者身 身是誰由	막애자신, 신시수유
千金面目 成起何籍	천금면목, 성기하적

(이하 생략)

소쇄옹의 대표작이라 할 수 있는 「효부孝賦」이다. 효를 주제로 한 214구의 장편 부이다. 이 작품은 『소쇄원사실』에 실린 첫 번째 작품이기도 하다. 이 작품의 뒤에는 송순이 "효하는 도리를 깊이 알고서 몸소 행하여 독실하게 함을 좋아하지 아니한 자가 어찌 이에 미치리오. 읽어보니 문득 사람으로 하여금 경각심을 갖게 한다. 자식 된 자의 집에는 이 시부詩賦가 없을 수 없다."라고 쓴 주석이 붙어 있다.

소쇄옹의 「효부孝賦」에 이어서 하서 김인후도 「효부孝賦」를 지었다. 그 작품도 『소쇄원사실』에 두 번째 작품으로 실렸다. 당시 두 작품은 널리 알려졌으며, 이로써 16세기 효행문학孝行文學이 크게 발전하게 되었다.

보본報本 : 『예기禮記』「월령月令」편에 나온, 봄에 수달이 물고기를 잡아 제사를 드린다는 구절에서 만들어진 말이다. 근본을 향한다는 뜻이다.

수구首丘 : 『예기禮記』「단궁檀弓」편에 나온, 여우가 죽기 전에 머리를 언덕으로 향한다는 구절에서 만들어진 말이다. 죽을 때 고향을 그리워한다는 뜻이다.

* 송순(宋純, 1493~1582)

소쇄정

작은 누대 영롱하게 서 있어
앉아 보니 숨어 살 마음 일어
연못의 고기 대나무 그림자와 놀고
오동나무 밑으로 폭포가 쏟아지네
사랑스런 돌길을 몇 번쯤 돌아가서
아름다운 매화 보니 읊조리게 만드네
숨어 사는 깊은 뜻을 알려고 하면
평상 위의 새들을 가만히 바라봐야지

瀟灑亭	소쇄정
小閣玲瓏起	소각영롱기
坐來生隱心	좌래생은심
池魚依竹影	지어의죽영
山瀑瀉梧陰	산폭사오음
愛石頻回步	애석빈회보
憐梅屢送吟	연매누송음
欲知幽意熟	욕지유의숙
看取近床禽	간취근상금

이 시의 원제는 「종제 양언진의 소쇄정/ 從弟梁彦鎭瀟灑亭」이다. 가정嘉靖 갑오년인 1534년에 지은 4수의 연작시 가운데 첫 번째 시이다. 이 시는 1528년에 지어진 하서의 시에 차운한 것으로, 이 당시만 하여도 '소쇄정'이라 하였음을 알 수 있다.

지어池魚 : 소당小塘, 작은 연못에 있는 물고기를 말한다.

산폭山瀑 : 대봉대 옆에는 오동나무가 있고, 그 아래로 흘러내리는 폭포를 말한다.

송순의 호는 면앙정이다. 그는 소쇄원 관련 시인 가운데 가장 연장자였고 문인으로서뿐 아니라 집안으로도 소쇄옹과 관계가 깊다. 즉 소쇄원의 창건자 소쇄공 양산보의 어머니는 면앙정의 고모로, 송순과 양산보는 내외종간이다. 송순은 한시뿐만 아니라 주옥같은 국문시가들을 지었는데 그중 「면앙정가」는 가사문학의 백미로 알려져 있다. 그는 담양에 있는 면앙정을 비롯하여 여러 원림의 창건에 힘을 쏟았다. 당시 관직에 있으면서 소쇄원의 초기 창건에도 여러 가지로 도움을 주었다고 알려져 있다.

* 송순(宋純, 1493~1582)

소쇄처사를 보내면서

보배로운 임천이 오래도록 잠겨 있으니
길은 희미해져 어디서 그대를 찾을거나
저 사가의 뜨락엔 난초 한창 무성한데
증씨의 집 앞은 날이 어둑어둑하려 해
돌에 부딪는 물소리에 괜스레 목이 메고
긴 담장 가 꽃나무 누굴 위해 향기로운가
옛 동산은 오래도록 무덤과 떨어질 터이니
고목에서 우는 새소리도 차마 못 듣겠네

瀟灑處士挽	소쇄처사만
珍重林泉鎖舊雲	진중임천쇄구운
路迷何處覓徵君	노미하처멱징군
謝家庭畔蘭方郁	사가정반난방욱
曾氏堂前日欲曛	증씨당전일욕훈
穿石巖溪空自咽	천석암계공자연
引墻花木爲誰芬	인장화목위수분
故園永與新阡隔	고원영여신천격
老樹啼禽不忍聞	노수제금불인문

이 시는 소쇄원 제월당의 현판 시이다. 『면앙집』권3에 실려 있는데, 원제는 「외제소쇄처사만外弟瀟灑處士挽」이라는 만시挽詩이다. 송순은 자신보다 열 살이나 아래인 양산보가 먼저 세상을 떠나자, 깊은 아쉬움을 담아 시를 지었다. 양산보가 운명하자 송순·임억령·김인후·유사·양응정·기대승·고경명 등이 그에 대한 만시를 지었다.

구운舊雲 : 옛 구름이 머무른다는 것은 '오래되었다'는 뜻이다.

징군徵君 : 학문과 덕행이 있어 나라의 부름을 받았으나, 벼슬하지 않은 선비의 존칭이다. 징사徵士라고도 한다. 여기서는 양산보를 말한다.

사가정반謝家庭畔 **난방욱**蘭方郁 : 사씨 집안에는 난이 바야흐로 무성하다. 진나라 사안謝安의 고사에서 유래한 것으로 난은 후손을 의미하며 여기에서는 양산보의 번성한 후손들을 가리킨다.

증씨曾氏 : 효심이 깊었던 공자의 제자 증자曾子를 말한다. 효행이 매우 깊었던 양산보를 비유하여 한 말이다.

* 임억령(林億齡, 1496~1568)

소쇄정 1

양자의 원림과 누정 좋기도 하니
시원하게 길손의 시름 씻어낸다네
사람 어질면 시골의 누추함을 잊고
땅이 오래되면 시원한 그늘도 많다네
세상일 하다 보면 옛 생각 나거니와
그런 마음에 고향 노래도 부른다네
어린아이가 나를 재촉해 일어나 보니
저기 처마에 벌써 새가 지저귀네

瀟灑亭 1　　소쇄정

梁子園亭好　　양자원정호
瀟然淨客心　　소연정객심
人賢忘巷陋　　인현망항루
地古易寒陰　　지고이한음
世事生吳興　　세사생오흥
鄕情奏越吟　　향정주월음
小童催我起　　소동최아기
簷際已喧禽　　첨제이훤금

이 시는 소쇄원 현판에 걸린 한시이다. 첫 구절에 '양자원梁子園'이라 쓰여 있는데, 양산보의 원림이라는 말이다.

오흥吳興 : 후한 때 장한이 낙양洛陽에서 벼슬을 하다가 고향의 순채국과 농어회가 그립다며 벼슬을 버리고 고향으로 돌아갔다는 고사에서 나온 말이다. 장한이 오군吳郡 사람이기에 오나라 사람의 흥이라고 하였다. 여기서는 양산보가 벼슬에 있다가 고향으로 내려온 것을 말한다.

월음越吟 : '고국을 그리워하는 것'이라는 뜻이다. 춘추 전국 시대 월越나라 사람인 장석莊舃이 초楚나라에 가서 벼슬하여 현달하였는데 한번은 병이 나서 누워 있었다. 초왕楚王이 사람을 시켜 장석에게 가 보게 하면서 이르기를 "장석이 자기 고국을 생각하는지 알아보라." 하였다. 사신이 가서 보니 장석은 고국을 잊지 못하여 병중에도 월나라 노래를 불러서 고향 그리는 정을 나타냈다고 한다. 『사기』에 나오는 말이다.

임억령은 해남 출신의 문인으로, 호는 석천이며 강원도 관찰사를 거쳐서 담양부사가 되었다. 소쇄원 인근의 식영정에 머물면서 문학 활동을 하였다. 눌재 박상의 문인으로, 당시 많은 한시를 남겨 호남의 대표적인 문호로 추앙받았다. 고향인 해남의 석천사石川祠 등에 제향 되었다. 문집으로 『석천집』이 있는데, 소쇄원 관련 시 작품도 상당수 실려 있다.

* 임억령(林億齡, 1496~1568)

소쇄정 2

옛날에 산골짜기 입구 찾았더니
사립문에 낙엽만 가득 했었지
세찬 물에 물방아 빠르게 돌고
푸른 산에는 나무들 둘러 있었네
시골 막걸리 나를 위로하건만
난리 통에 머리털이 성글어졌지
만약 버려진 땅이라도 얻게 된다면
나도 장차 은거를 해야겠네

瀟灑亭 2　　소쇄정

昔年尋谷口　　석년심곡구
落葉擁柴扉　　낙엽옹시비
激激水舂急　　격격수용급
蒼蒼山木圍　　창창산목위
慰人村釀釅　　위인촌양엄
逃難鬢毛稀　　도난빈모희
若得閑田地　　약득한전지
吾將作少微　　오장작소미

이 시도 소쇄원 현판 한시이다. 석천 임억령의 시 두 수가 하나의 현판으로 만들어져 있다. 최근 석천의 후손인 임남형 선생이 현판을 만들어 걸었다.

빈모鬢毛 : 귀밑머리이다. 살쩍 빈鬢은 세월이 손님처럼 찾아온다는 뜻으로 만들어진 한자이다. 귀밑머리가 가장 먼저 희게 변하기 때문이다.

소미少微 : 처사處士를 상징하는 별이다. 송나라 강지江贄가 역학易學으로 유명하였는데, 정화正和 연간에 유일遺逸로 천거되어 세 차례나 부름을 받았으나 나가지 않았다. 이때 처사를 상징하는 소미성이 나타났다 하여 소미 선생이라는 호를 하사받은 데서 유래한 말이다. 여기서는 석천이 은거하고 싶다는 의미이다.

* 임억령(林億齡, 1496~1568)

지암에게 드림

낙엽은 온 산길에 뒤덮이고
쓸쓸히 인적은 드물기만 해
동쪽 마을에 군자가 있으니
국화꽃 꺾으려고 사립문 두드리네

贈支巖　　증지암

落葉埋山逕　　낙엽매산경
蕭蕭人跡稀　　소소인적희
東村有君子　　동촌유군자
採菊扣柴扉　　채국구시비

이 시는 석천 임억령이 소쇄옹 양산보의 아들 지암 양자정에게 준 시이다.

동촌東村 : 동쪽 마을은 소쇄원이 있던 창암 마을을 뜻한다. 당시 작자는 식영정에 머무르며 문학 활동을 하고 있었기 때문에 소쇄원을 동쪽 마을이라고 부른 것이다.

채국採菊 : 도연명의 '채국동리하採菊東籬下'라는 유명한 시구에서 나오는 말로, 국화꽃을 딴다는 '채국'은 도연명처럼 은거하는 선비를 가리키게 되었다. 또 9월 9일 중양절에는 국화꽃을 따서 국화주를 담기 때문에 술을 한 잔 한다는 뜻도 지니고 있다.

* 오겸(吳謙, 1496~1582)

그윽한 집

산에 사는 일 참으로 즐거우니
세상사 모두 잊고 마음 비우네
대숲은 유유히 그림자 드리웠고
오동나무 자라서 푸른 그늘 이루었네
한가히 바위 돌을 쓸고 앉았다가
흥이 일어 못가에서 시를 읊는다네
해가 다하도록 숲속 정자 고요해
새들만 즐거워서 노래 부르네

幽居　　　　유거

山居眞可樂　　산거진가락
隨事空人心　　수사공인심
種竹分踈影　　종죽분소영
栽梧長綠陰　　재오장녹음
閑來掃石坐　　한래소석좌
興到繞池吟　　흥도요지음
盡日林亭靜　　진일임정정
惟聞自在禽　　유문자재금

원제는 「깊이 숨어 사는 양산인에게 차운하여 보내다/ 次韻寄題梁山人幽居」로 되어 있다. 유거幽居는 깊숙한 곳에 있는 집으로, 산거山居와 같은 뜻으로 쓰인다. 교통이 발달하지 않은 옛날에 산은 다 깊숙한 곳이었다. 오겸이 담양부사로 있을 때 소쇄원을 찾아서 교유하였는데, 그 당시 지어진 시이다.

한래閑來 : 한가하게. 여기서 來는 오다는 뜻이 아니고, 어떤 상황이 지속되는 것을 말한다.

오겸의 호는 지족암知足庵·국재菊齋이며. 본관은 나주이다. 남원부사와 담양부사·광주목사 등을 거쳐 호조참판·병조참판·대사헌을 역임하였다. 1564년 좌찬성에 올랐고, 왕으로부터 궤장几杖을 내려 받은 뒤 기로소耆老所에 들어갔다.

광주목사를 하던 때 황룡강 유역에서 설강 유사 등과 교유가 깊었다. 시호는 정간貞簡이다. 광주시 광산구에는 그의 후손 오응석이 선조인 국재 오겸을 위하여 1726년에 지은 관수정觀水亭이 남아 있다. 오겸을 배향한 사당은 광산사廣山祠로 관수정 뒤에 있다.

* 김언거(金彦琚, 1503~1584)

소쇄원

창암 언덕에 집 짓고
유유히 세상과 멀리한다네
대숲 길 거닐며 바람 쐬다가
오동나무 그늘에선 달맞이 하네
매화에게 옛 이야기 물어도 보고
돌 위에선 시를 지어 읊어도 보네
조용한 곳 거닐다가 졸음이 오면
봄날 새들과 한가롭게 잠을 잔다네

瀟灑園	소쇄원
築室蒼巖畔	축실창암반
悠然遠世心	유연원세심
納涼開竹逕	납량개죽경
迎月趁梧陰	영월진오음
古意梅邊問	고의매변문
新詩石上吟	신시석상음
逍遙機事靜	소요기사정
閑睡對春禽	한수대춘금

이 시의 원제는 「주인 경형庚兄에게 차운하여 보내다/ 次韻奉呈主人庚兄」이다. 차운하여 보낸다는 것으로 미루어 소쇄옹의 원시에 이어서 지은 것으로 보이나 원시는 남아 있지 않다. 경형庚兄은 동갑의 나이인 사람에게 존칭으로 부르는 말이다.

창암반蒼巖畔 : 창암 마을의 언덕이라는 뜻이다. 현재 소쇄원 들어가는 입구 왼편이 창암 마을이었다.

김언거의 호는 칠계漆溪이다. 일찍이 문과에 급제하여 상주목사를 비롯하여 승문원 판교 등을 하였다. 광주 영산강변의 풍영정諷詠亭이라는 이름난 누정을 건립한 인물이다. 회재 박광옥이 지은 김언거 묘지명에는 '평생 학문을 좋아하여 시렁 위에 만 권의 책을 꽂아 놓고 손에서 책을 놓지 않았다'고 하였다. 원림의식이 남달라서, 많은 원림문학을 창작하였으며, 소쇄옹과 동갑의 나이로 서로 가깝게 지냈다.

* 김인후(金麟厚, 1510~1560)

소쇄정에서

대숲 너머 부는 바람 귀를 맑게 하고
시냇가 밝은 달은 마음을 비추네
깊은 숲은 상쾌한 기운 전하고
큰 나무는 가볍게 그늘 흩뜨리네
술이 익어 은근히 취기 오르면
저절로 시 이루어져 나직이 읊조리네
한밤중에 들려오는 몇 가닥 소리
피를 토하듯 울어대는 소쩍새 소리인가

瀟灑亭卽事 소쇄정즉사

竹外風淸耳 죽외풍청이
溪邊月照心 계변월조심
深林傳爽氣 심림전상기
喬木散輕陰 교목산경음
酒熟乘微醉 주숙승미취
詩成費短吟 시성비단음
數聲聞半夜 수성문반야
啼血有山禽 제혈유산금

이 시는 가정 무자년 즉 1528년에 지은 것으로, 소쇄원 관련 시 중 매우 이른 시기의 작품이다. 1534년에 이 시에 차운하여 지어진 면앙정 송순의 「내종 동생 양언진의 소쇄정/ 從弟梁彦鎭瀟灑亭」시와 함께 소쇄원 초기 사실을 파악하는 데 중요한 시이다.

제혈啼血 : 피를 토하다. 두견새, 소쩍새는 피가 나올 때까지 구슬피 운다고 하여 만들어진 말이다. 그 피가 묻어서 진달래꽃이 붉게 되었다고 하여 진달래를 두견화라고도 한다.

김인후의 호는 하서河西 혹은 담재湛齋이다. 조선 전기 세자시강원설서, 홍문관부수찬, 제술관 등을 역임한 호남 지역의 대표적인 문신이자 문인학자이다. 문묘에 배향된 동국 18현 가운데 한 사람이다. 성리학과 시문뿐만 아니라 천문·지리·의약·산수·율력에도 밝았다. 소쇄원의 창건자 양산보와 아주 가까워 양산보의 아들 고암 양자징을 사위로 맞이하였다. 장성 필암서원에 사위 양자징과 함께 배향되어 있다.

문집으로 『하서집』을 비롯하여 한시 번역서인 『백련초해百聯抄解』 등이 있다. 소쇄원 관련 한시도 150여 수나 남아 있는데, 그 가운데 「소쇄원 48영」은 대표적인 원림 제영시이다.

* 김인후(金麟厚, 1510~1560)

임정에 방문하여

맑은 경치 얻기는 예로부터 어려운데
우리 형 사는 곳은 세상에 드물다네
추위 속에 향기 뿜는 매화나무 세 그루
눈을 맞고도 푸르른 대나무들
저 오리 떼 다정스레 두둥실 떠 있고
긴 시내는 저절로 졸졸 흘러만 가네
누정 위를 소요하며 흥을 내고 싶지만
문득 속된 선비들이 볼까봐 저어한다네

訪林亭	방임정
清境由來卜得難	청경유래복득난
吾兄所宅罕人間	오형소택한인간
凌霜粉馥梅三樹	능상분복매삼수
度雪<u>蒨蔥</u>竹數竿	도설천총죽수간
<u>羣</u>鴨有情還泛泛	군압유정환범범
長溪無任自潺潺	장계무임자잔잔
逍遙亭上堪乘興	소요정상감승흥
嫌却當時俗士看	혐각당시속사간

소쇄원 현판시이다. 이 시는 『하서선생전집』 권10에 「방언진형임정訪彦鎭兄林亭」이라는 제목으로 실려 있다. 이 시는 앞에 들었던 소쇄옹 양산보의 소쇄옹 제영시 원운에 이어 '한寒운'으로 지은 시이다.

천총蒨蔥 : 푸르다. 우거지다. 푸르게 우거지다는 뜻이다.

군압羣鴨 : 여러 오리를 말한다. 당시에도 소쇄원 들어가는 물가에는 오리들이 놀고 있었음을 알 수 있다.

* 김인후(金麟厚, 1510~1560)

소쇄원에 드리다

소쇄원의 늙은이는
훌훌 털고 세상 티끌에서 벗어났지
천 가지 재앙도 한 가지 좋은 선행으로 물리치고
온갖 복도 모든 신들과 함께 하는구나
하늘의 인仁과 사랑 참으며 실천하며
이웃에 덕을 베풀고 넉넉히 살아가네
가을이 다할 때 다행히 틈이 나
소쇄원을 찾았으니 너무 좋구나

奉呈瀟灑園　　봉정소쇄원

瀟灑園中叟　　소쇄원중수
飄然出世塵　　표연출세진
千災穰一善　　천재양일선
百福幷諸神　　백복병제신
動忍天仁愛　　동인천인애
優游我德隣　　우유아덕린
窮秋幸有暇　　궁추행유가
不厭訪崖濱　　불염방애빈

이 시에는 1548년(戊申) 동짓날 지었다는 주가 붙어 있다. 이 해에 작자가 「소쇄원 48영」을 비롯하여 많은 소쇄원 관련 한시를 지었다.

표연飄然 : 훌훌 털다. 세상의 일을 벗어나는 뜻이다.

백복百福 : 백가지 복. 온갖 복을 말한다.

애빈崖濱 : 물가 언덕, 여기서는 소쇄원을 말한다.

* 김인후(金麟厚, 1510~1560)

소쇄원에 보내다

소쇄원에 사는 소쇄옹
한 해 농사를 동풍에 점치고 있네
매화 소식은 변함없이 그대로라는데
묻노니, 인심도 또한 그대로인가

奉寄瀟灑園	봉기소쇄원
瀟灑園中瀟灑翁	소쇄원중소쇄옹
一年春事占東風	일년춘사점동풍
梅花消息渾依舊	매화소식혼의구
爲問人心同不同	위문인심동부동

이 시에는 1548년 정월보름[戊申上元] 이라는 주가 붙어 있다.

점동풍占東風 : 동풍에 점을 치다. 장대를 세워 바람으로 점을 치는 일을 점풍占風이라고 하였는데, 보통 봄에 한해의 농사에 대한 점을 치기도 하여 봄바람 즉 동풍에 점을 친다고 한다.

혼의구渾依舊 : 모두 혼渾, 모두 다 예전과 같다는 뜻이다.

* 김인후(金麟厚, 1510~1560)

이계진에게 답하다

나무 구멍에서 금가락지 찾은 이도 있으니
어느 날 신선의 배에 올라 얘기나 나누세
양씨 소쇄원은 내가 이름한 것이 아니라
다만 신평新平 송순이 지은 이름이라네

答李季眞	답이계진
樹穴探環自有人	수혈탐환자유인
仙舟何日笑談親	선주하일소담친
梁園瀟灑名非我	양원소쇄명비아
且見新平壁上珎	차현신평벽상진

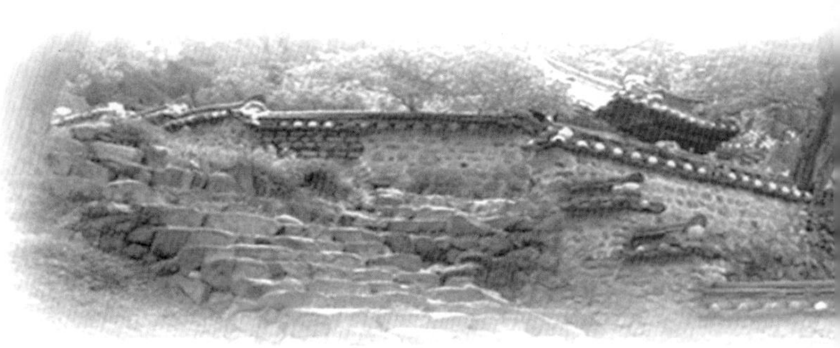

이 시에 의하면 '소쇄원'이라는 이름은 면앙정 송순이 지었음을 알 수 있다. 시제의 이계진李季眞은 청련淸蓮 이후백李後白이다. 청련은 호남서정시파 시인의 선두에 서 있던 낭만주의적인 시인이었다. 문집으로 『청련집』이 남아 있다.

수혈탐환樹穴探環 : 원래 수혈 즉 나무 구멍에서 금가락지를 찾는다는 뜻은 죽은 자식의 환생을 의미한다. 여기서는 나무들만 무성한 곳을 아름다운 곳으로, 새롭게 원림으로 만들었다는 의미로 쓰였다.

선주仙舟 : 선주는 신선의 배. 여기서는 소쇄원을 가리킨다.

벽상진壁上珎 : 진珎은 보배 진珍의 속자이다. 벽 위에 붙인 보배라는 말로 소쇄원이라는 이름을 뜻한다.

* 김인후(金麟厚, 1510~1560)

소쇄원 48영 중 제1영

작은 정자 난간에 기대어

소쇄한 원림의 경치라서
모두 깨끗한 정자 이루었네
눈을 들면 시원스레 상쾌하고
귀 기울이면 영롱한 소리라네

小亭憑欄	소정빙란
瀟灑園中景	소쇄원중경
渾成瀟灑亭	혼성소쇄정
擡眸輸颯爽	대모수삽상
側耳聽瓏玲	측이청농령

이 시는 하서 김인후의 소쇄원 관련 대표작품인 '소쇄원 48영' 중 한 수이다. 소쇄원의 전체적인 느낌을 시청각적으로 표현하고 있다. 소정은 작은 정자를 가리킨다. 대봉대의 별칭이 아닐까 하지만, 분명한 것은 아니다. 빙란은 난간에 기댄다는 말인데, 이는 쓸쓸한 정서를 지닌 시인의 모습을 의미하기도 한다.

삽상颯爽: 상쾌하고 개운함, 시원하고 서늘함.

농령瓏玲 : 옥소리 롱瓏, 옥소리 령玲, 영롱과 같은 말인데, 청靑 운을 맞추기 위하여 농령으로 바꾸어 쓴 것이다.

소쇄원 48영 중 제2영

시냇가 글방

창 밝으니 방안의 책들 깨끗하고
물속 바위에는 그림과 글씨 비치네
정밀한 생각 오르고 내린다면
들어맞는 건 연비어약의 경지라네

枕溪文房　　침계문방

窓明籤軸淨　　창명첨축정
水石暎圖書　　수석영도서
精思隨偃仰　　정사수언앙
竗契入鳶魚　　묘계입연어

침계는 계곡을 베고 눕는다는 뜻이다. 그래서 물가에 있는 누각을 침계루枕溪樓라 하는 예가 많다. 문방은 책방이다. 침계문방은 계곡 가에 있는 건물, 즉 광풍각을 가리킨다. 그 시냇가 글방에서의 기운을 그린 시이다.

첨축籤軸 : 책이라는 말이다. 서화첨축書畫籤軸이라는 말이 있다. 책이나 그림 등에 상아로 만든 첨籤 축軸을 두어 경經·사史·자子·집集을 구별하기도 하였다.

연어鳶魚 : 연비어약鳶飛魚躍이라는 말의 일부로 『시경』에 나온다. '솔개가 하늘에서 날고 고기가 못에서 뛰어/ 鳶飛戾天 魚躍于淵'이라는 말은 위아래가 각각 편안하게 제 자리를 얻었다는 뜻이다.

소쇄원 48영 중 제3영

높은 바위에 흐르는 물

계곡물은 바위를 씻으며 흐르는데
큰 바위 하나 온 골짝에 가득하네
한 필 비단이 중간에 펼쳐 있으니
높다란 바위는 하늘이 깎은 듯

危巖展流　　위암전류

溪流漱石來　　계류수석래
一石通全壑　　일석통전학
匹練展中間　　필련전중간
傾崖天所削　　경애천소삭

위암은 높고 가파른 바위이다. 소쇄원 계곡에 있는 큰 바위들이다. 그 바위 위로 물줄기가 쏟아져 폭포처럼 내리는 모습을 그린 시이다.

수석漱石 : 바위를 씻어 내림

필련匹練 : 물줄기이다. 물줄기가 내려오는 모습이 한 필의 베를 길게 늘어뜨린 것 같다고 하여 필련이라고 한다.

경애傾崖 : 비스듬히 누운 바위이다. 광풍각 앞 계곡에서 폭포를 이룬 높고 큰 바위를 말한다.

소쇄원 48영 중 제4영

산을 등진 자라바위

등에는 무거운 청산을 지고
머리는 푸른 시내로 향하여 있네
긴 세월 편안하게 지내며 돌아다니지 않으니
대각에 사는 것이 영주보다 나은 건가

負山鼇巖　　부산오암

背負青山重　　배부청산중
頭回碧玉流　　두회벽옥류
長年安不抃　　장년안불변
臺閣勝瀛州　　대각승영주

부산負山은 산을 등지고 있다는 말이고, 오암鼇巖은 자라바위이다. 소쇄원에 있는 자라 바위에 대한 시이다. 이 부산오 이야기는 『열자』에 나오는 것으로, 바다에 살면서 산을 짊어질 만큼 큰 자라나 거북에 관한 내용이다.

불변不抃 : 변은 손뼉을 치거나 손으로 때린다는 뜻인데, 자라가 발로 물을 헤치며 여기저기 돌아다니는 모양이다. 불변은 돌아다니지 않는다는 뜻이다.

영주瀛州 : 삼신산의 하나로 신선이 산다는 바다 가운데 있는 산이다. 여기서 영주보다 낫다는 말은 제월당, 광풍각 등 대각에 사는 것이 영주보다 더 낫다는 뜻이다.

소쇄원 48영 중 제5영

돌길을 위태롭게 오르며

한 줄기 길 삼익에 이어져 있어
한가롭게 오르니 위태로워 보이지 않네
원래부터 세상의 먼지가 없는 곳이라
이끼 빛은 밟을수록 더 파랗기만

石逕攀危　　석경반위

一逕連三益　　일경연삼익
攀閑不見危　　반한불견위
塵蹤元自絶　　진사원자절
苔色踐還滋　　태색천환자

소쇄원의 길은 지금은 그리 가파르지 않지만, 1548년 당시에는 길이 달랐기에 비스듬하여 들어가기에 좀 위태로웠던 것 같다. 그러나 시에서는 천천히 오르니 위태롭지 않다고 하였다. 또 돌 위에는 이끼가 많이 끼어 있었음도 알 수 있다.

삼익三益 : 매화梅, 대나무竹, 바위石 세 가지를 좋은 친구라 하였다. 공자의 '곧고, 성실하며, 견문이 많은 이를 벗하면 유익하다'는 '익자삼우益者三友'에서 유래하였다.

환자還滋 : 도리어 불어난다는 것은 이끼를 밟으면 더 파래진다는 뜻이다.

소쇄원 48영 중 제6영

작은 연못에 고기떼 놀고

네모진 연못 한 이랑도 못되지만
잠시 맑은 물 가두기에는 넉넉하네
고기떼는 주인의 그림자와 놀고 있는데
무심하게 낚싯대를 드리운다네

小塘魚泳	소당어영
方塘未一畝	방당미일무
聊足貯清猗	요족저청의
魚戲主人影	어희주인영
無心垂釣絲	무심수조사

소쇄원에는 작은 연못이 두 개 있었다, 상지上池, 하지下池라 하였는데, 나무 홈통으로 계곡물을 끌어오는 재미있는 방법으로 만들었다. 목판본 「소쇄원도」에는 그 한 연못에 소당이라는 이름이 붙어 있고 물고기 세 마리가 그려져 있다. 그 연못에 물고기 떼들이 놀고 있는 모습을 그린 시이다.

무심수조사無心垂釣絲 : 무심히 낚시를 드리운다는 뜻으로 해석된다. '낚시를 드리울 마음이 없다'는 뜻으로도 번역을 하지만, '무심하게 낚시를 드리운다'는 표현이 더 적절해 보인다. 「식영정 20영」에도 같은 시구가 나온다. 그러나 실제 낚시를 한다기보다는 강태공이 세월을 낚듯이 빈 낚시를 드리운다는 의미일 것이다.

소쇄원 48영 중 제7영

나무 홈통으로 흐르는 물

구불구불 물줄기가 흘러 내려와
대숲 아래 높고 낮은 연못 되었네
폭포는 물레방아에서 흩어져
반짝이는 비늘처럼 사방에 흩날리네

刳木通流　　고목통류

委曲通泉脉　　위곡통천맥
高低竹下池　　고저죽하지
飛流分水碓　　비류분수대
鱗甲細參差　　인갑세참차

고목刳木은 나무로 물이 흐르도록 만든 홈통이다. 대봉대 아래 나무 홈통을 놓아서 계곡의 물을 작은 연못으로 돌려서 받았다. 그렇게 물이 흘러 연못으로 들어가는 모습을 그린 시이다.

위곡委曲 : 보통은 자세하다는 뜻으로 많이 쓰이는데, 여기서는 구부러진 모습을 그린 말이다.

수대水碓 : 대는 방아, 물레방아이다. 「소쇄원도」에는 소당小塘 아래에 수대가 표시되어 있다.

인갑鱗甲 : 인鱗은 물고기 비늘, 갑甲은 갑각류의 껍질이다. 흩어진 물방울이 비늘처럼 반짝거리면서 잘게 부서지는 모양이다.

소쇄원 48영 중 제8영

구름을 찧는 물레방아

긴긴날을 흐르는 물의 힘으로
부딪다 보니 공적이 저절로 나타나네
직녀가 베틀 위에 비단을 짜듯
방앗소리 사이에 모이고 흩어지네

舂雲水碓	용운수대
永日潺湲力	영일잔원력
舂來自見功	용래자현공
天孫機上錦	천손기상금
舒卷擣聲中	서권도성중

용운은 구름을 찧는다는 뜻이며, 수대는 물레방아다. 용운수대는 구름을 찧는, 그러니 구름에 닿는 물레방아라는 말이다. 「소쇄원도」에도 수대라고 하여 물레방아 모습이 그려져 있다.

영일永日 : 긴긴날, 아침부터 저녁까지, 여러 날을 가리킨다. 하루가 아닌 여러 날을 말한다.

천손天孫 : 별 이름으로 직녀성, 직녀를 말한다. 『사기』에 '직녀는 하늘의 여손女孫이다'라고 하였다.

서권舒卷 : 펼치거나 오므림, 구름이나 연기가 모이고 흩어지는 것을 뜻한다.

대숲을 지나는 높이 놓인 다리

골짝에 가로질러 대밭에 놓이니
높기도 하여 마치 하늘에 떠 있는 듯
숲 속 연못은 원래부터 아름다운데
이 모습 얻으니 더욱 맑고 그윽해라

透竹危橋　　투죽위교

架壑穿脩竹　　가학천수죽
臨危似欲浮　　임위사욕부
林塘元自勝　　임당원자승
得此更淸幽　　득차갱청유

투죽은 통할 투이니 '대숲을 지나서'라는 뜻이다. 위교의 위는 위태롭다는 뜻이지만, 높이 놓인 다리라는 정도의 뜻을 갖는다. 소쇄원에 들어가면 왼편으로 계곡을 건너는 다리가 높게 걸쳐져 있고, 이 다리의 아름다운 모습을 그린 시이다. 「소쇄원도」에 투죽위교가 그려져 있다.

가학架壑 : '골짜기에 가로 지르다'는 말로, 높이 걸린 나무 등을 가리킨다. 골짜기에 걸쳐서 죽림에 이른다는 말이다.

소쇄원 48영 중 제10영

대숲에 일렁이는 바람 소리

이미 하늘가 저 멀리 사라졌다가
다시 또 고요한 데서 부르는구나
무정하게도 바람은 대나무 숲에서
밤낮으로 피리를 불어댄다네

千竿風響　　천간풍향

已向空邊滅　　이향공변멸
還從靜處呼　　환종정처호
無情風與竹　　무정풍여죽
日夕奏笙竽　　일석주생우

천은 많다는 뜻으로, 천간은 무성한 대숲을 말한다. 대숲에 바람이 불면 많은 댓잎으로 인해 대바람 소리가 난다. 그 대숲에 일렁이는 바람소리를 묘사한 시이다. 소쇄원의 제월당 뒤편 대나무 숲을 천간이라고 하였다.

환종還從 : 환還은 다시 또, 종從은 뒤따르다, 뒤를 잇는다는 말이다. 앞 구의 이향已向(이미 향하여)과 환종還從(다시 이어서)을 서로 대비하면서 보아야 한다.

무정無情 : 무정하게도 바람과 대나무가 피리를 불어댄다는 뜻이다.

생우笙竽 : 생황과 피리를 말하는데, 보통 피리소리라고 한다.

소쇄원 48영 중 제11영

연못가 누대에서 더위를 식히며

남쪽 고을에는 무더위 심하지만
유독 이곳은 서늘한 가을이어라
바람은 누대 가의 대숲에 일고
연못은 바위 위에 물을 나눈다네

池臺納涼　　지대납량

南州炎熱苦　　남주염열고
獨此占涼秋　　독차점량추
風動臺邊竹　　풍동대변죽
池分石上流　　지분석상류

지대는 연못가 누대이다. 대는 돈대, 즉 높이 쌓은 곳을 말하지만, 여기서는 봉황대를 가리키는 것 같다. 더운 여름날 누대에서 더위를 식히는 모습이다.

남주南州 : 남녘, 남녘 고을이다. 전라도를 가리키는 말이기도 하다.

지분池分 : 연못은 흐르는 물을 나누게 한다는 말이다. 봉황대 아래로 두 개의 연못이 있는데, 이 연못에 물을 담기 위하여 계곡에 흐르는 물을 홈통을 사용하여 바위 위의 물을 나누어서 끌어왔다.

소쇄원 48영 중 제12영

매대의 달맞이

숲의 가장자리 매대가 넓으니
달 떠오를 때는 정말 좋아라
어여뻐라 구름이 다 사라지고
차가운 밤 비치는 맑은 그 모습

梅臺邀月　　　매대요월

林斷臺仍豁　　　임단대잉활
偏宜月上時　　　편의월상시
最憐雲散盡　　　최련운산진
寒夜暎氷姿　　　한야영빙자

매대는 매화를 심어 놓은 언덕을 말한다. 요월은 맞이할 요이니, 달맞이이다. 매화 언덕에서 달맞이하는 모습을 그린 시이다. 제월당 옆으로 매화가 심어진 긴 언덕이 있었다. 그곳에서 달맞이하는 정경을 그린 시이다.

임단林斷 : 나무숲 끝나는 곳이라는 말이다. 그곳에 매대가 있다는 뜻이다.

빙자氷姿 : 얼음같이 깨끗한 모습, 매화나무를 가리킨다. 차가운 밤 달빛이 비치는 매화 모습이 아름답다고 한 것이다.

소쇄원 48영 중 제13영

넓은 바위에 누워 달을 보며

푸른 하늘 달 아래 누워볼까 하니
바위가 마침 좋은 자리 되는구나
긴 숲에 흩날리는 맑은 그림자
밤 깊어도 잠을 이룰 수 없어라

廣石臥月　　광석와월

露臥青天月　　노와청천월
端將石作筵　　단장석작연
長林散清影　　장림산청영
深夜未能眠　　심야미능면

광석은 넓은 바위이다. 소쇄원 계곡의 가운데 상암床巖 옆의 바위를 광석이라고 하였다. 와월은 누워서 달 구경하는 것이다. 넓은 바위 위에 누워서 달구경하는 모습을 그린 시이다.

노와露臥 : 노露는 이슬이니, 노와는 이슬이 내리는 한데서 눕는다는 말이다.

청영清影 : 맑은 그림자. 바람에 흔들리는 대나무 그림자를 말한다.

미능면未能眠 : 잠을 이루지 못함을 말한다. 대나무 그림자가 내 마음을 흔들고 있어 쉬이 잠들지 못하는 정황을 표현한 것이다.

소쇄원 48영 중 제14영

담장 아래로 흐르는 물

걸음걸음 물 따라 올라가면서
시를 읊으니 생각 더욱 그윽해라
사람들은 참 근원을 향하지 않고
담을 뚫고 흐르는 물만 바라보네

垣竅透流　　원규투류

步步看波去	보보간파거
行吟思轉幽	행음사전유
眞源人未泝	진원인미소
空見透墻流	공견투장류

원규에서 원은 담장이고 규는 구멍이다. 원규는 담장 밑으로 뚫린 구멍을 말한다. 투는 통하는 것이니 물길이 통한다는 말이다. 소쇄원의 오곡문 옆 담장 아래로 뚫린 물길을 그린 시이다.

행음行吟 : 걸어가며 글을 읊는다는 말이다.

미소未泝 : 거슬러 올라가지 않는다.

투장透墻 : '담을 통하여'라는 말이다. 위에서 말한 원규를 통하여 물이 흘러 들어오는 것을 가리킨다.

소쇄원 48영 중 제15영

살구나무 그늘 아래 굽이도는 물

지척에 물이 졸졸 흐르는 곳은
분명 다섯 번 굽이쳐 흐른다네
그 옛날 물가에서 말씀하신 뜻
오늘은 살구나무 가에서 찾는다네

杏陰曲流　　행음곡류

咫尺潺湲地　　지척잔원지
分明五曲流　　분명오곡류
當年川上意　　당년천상의
今日杏邊求　　금일행변구

행음의 행은 두 가지 뜻이 있어 은행나무인지 아니면 살구나무였는지는 분명하지 않다. 「소쇄원도」에 그려진 오곡문 옆의 행음은 키가 큰 살구나무일지 모르겠다. 문화재청 조사에서는 애양단 근처의 행杏은 살구나무, 소쇄원 초입 행정의 행杏은 은행나무였을 거라고 하였다.

오곡류五曲流 : 소쇄원 오곡문에서 내원으로 흘러가는 다섯 구비 흐름이다. 이로 미루어 소쇄원에도 주자의 무이구곡武夷九曲처럼 구곡九曲을 정하지 않았을까 여겨지기도 한다. 하지만 「소쇄원도」에 나오는 것처럼 물의 흐름이 다섯 번 굽이져서 오곡의 흐름이라고 하였을 것이다.

천상의川上意 : 세월이 멈추지 않고 흘러가는 것이 물이 흘러가는 것과 같다는 공자의 말이다.

소쇄원 48영 중 제16영

석가산의 풀과 나무

산 만든다고 사람의 힘 빌리지 않고
조물주가 석가산을 만들었다네
형세에 따라 숲을 이루니
바로 산과 들의 모습이로구나

假山草樹	가산초수
爲山不費人	위산불비인
造物還爲假	조물환위가
隨勢起叢林	수세기총림
依然是山野	의연시산야

가산은 소쇄원의 계곡 가운데 자연적으로 만들어진 바위 위에 있는 산이 마치 인위적으로 만든 산 같다는 뜻이다. 「소쇄원도」에는 탑암榻巖 옆에 석가산이 표시되어 있다.

조물造物 : 옛날에는 조물자造物者라고 하였다. 지금은 조물주로 바뀌었다. 모든 것을 주관하는 하늘이다.

총림叢林 : 덤불과 숲, 삼림을 말한다. 스님들의 거처, 절을 말하기도 한다.

소쇄원 48영 중 제17영

하늘이 만든 소나무와 바위

한 조각 돌 높은 산에서 내려와
두어 자 소나무 뿌리를 내렸네
오랜 세월 몸 가득 꽃을 피워서
줄어든 기세지만 푸른 하늘 마주하네

松石天成　　송석천성

片石來崇岡　　편석내숭강
結根松數尺　　결근송수척
萬年花滿身　　만년화만신
勢縮參天碧　　세축참천벽

소쇄원 계곡 근처에는 바위와 소나무가 많았다. 그 모습이 무척 자연스럽게 이루어져 있어서, 하늘이 이루었다고 말한 것이다.

숭강崇岡 : 높은 산맥으로 여기서는 소쇄원 뒷산을 말한다.

화만신花滿身 : 온몸에 꽃을 피운다는 뜻이다. 소나무가 오래되어 줄기에 이끼와 같은 흰색 반점이 꽃처럼 피어난 것을 이른다.

소쇄원 48영 중 제18영

돌을 덮은 푸른 이끼

오래된 바위에 안개구름 스며서
파란 이끼가 꽃처럼 피었구나
은자의 성품과 똑같은 거라서
변화함에 뜻을 두지 않았구나

遍石蒼蘚　　편석창선

石老雲煙濕　　석로운연습
蒼蒼蘚作花　　창창선작화
一般丘壑性　　일반구학성
絶義向繁華　　절의향번화

계곡 물가 바위는 푸른 이끼의 집이다. 오래된 바위마다 푸른 이끼가 덮여 있었던 것 같다.

선작화蘚作花 : 이끼가 꽃처럼 피었다는 말이다.

구학丘壑 : 언덕 구, 골짜기 학으로 은자의 거처를 말한다. 여기서는 소쇄원이다.

소쇄원 48영 중 제19영

평상바위에 조용히 앉아

바위에 고요히 앉아 있으니
깨끗하게 쓸어 가는 골짜기 바람
무릎이 뚫어질까 겁내지도 않는 건
경치 구경하는 노인에게 가장 알맞아서 라네

榻巖靜坐　　탑암정좌

懸崖虛坐久　　현애허좌구
淨掃有溪風　　정소유계풍
不怕穿當膝　　부파천당슬
便宜觀物翁　　편의관물옹

탑암은 평상 같은 넓은 바위를 말한다. 그 바위에 앉아 골짜기 바람을 맞으면서 고요하게 경치를 바라보는 모습을 그린 시이다. 「소쇄원도」에는 대봉대 아래로 탑암이 그려져 있다.

허좌虛坐 : 허는 '고요히'라는 말이다. 도가에서의 무욕無慾과 같다. 아무런 욕심 없이 고요하게 앉아 있다는 뜻이다.

불파不怕 : 두려워하다, 부끄러워하다.

소쇄원 48영 중 제20영

맑은 물가에서 거문고 비껴 안고

거문고 함부로 타지 않는 건
이 세상에 종자기가 없어서였네
한 곡조 맑은 못에 울려 퍼지니
마음과 귀가 서로 알아줄 뿐이지

玉湫橫琴　　옥추횡금

瑤琴不易彈　　요금불이탄
擧世無種子　　거세무종자
一曲響泓澄　　일곡향홍징
相知心與耳　　상지심여이

옥추는 구슬처럼 맑고 깨끗한 물이다. 소쇄원 물가 바위 위에서 한 곡조 거문고를 연주하는 모습을 그린 시이다. 소쇄원의 악기는 거문고나 피리였던 것 같다. 원림의 주요 방문객들도 그런 악기에 대한 언급이 많은 편이다. 「소쇄원도」에는 조담槽潭 근처 바위에 옥추횡금이 그려져 있다.

요금瑤琴 : 옥으로 장식한 아름다운 거문고를 말한다. 금琴은 현악기 거문고로 5현~7현이지만, 일반적으로 6현으로 되어 있다.

종자種子 : 종자기鍾子期이다. 춘추 시대에 거문고를 잘 탔던 백아伯牙와 그와 음악으로 통했던 벗 종자기와의 고사 백아절현伯牙絶絃, 지음知音이 있다.

소쇄원 48영 중 제21영

도는 물에 술잔 띄우며

줄지어 물가 바위에 둘러앉으니
쟁반 가득 채소라도 충분하구나
돌아드는 물결이 저절로 오가면서
띄운 술잔 한가로이 서로 권하네

洑流傳盃　　복류전배

列坐石渦邊　　열좌석와변
盤蔬隨意足　　반소수의족
洄波自去來　　회파자거래
盞斝閒相屬　　잔가한상촉

복류의 복은 물이 소용돌이친다는 뜻으로, 빙빙 도는 물이다. 이 시는 소쇄원에서 했던 유상곡수流觴曲水의 모습을 그린 것이다. 흔히 삼월 삼짓날 술을 마시는 풍습이라지만, 이 시에서는 채소가 풍부하게 나오는 늦은 봄이었던 것 같다.

석와石渦 : 물살 치는 바위라는 뜻이다. 물이 돌아서 부딪치는 돌을 가리킨다.

반소盤蔬 : 소반의 푸성귀, 채소를 말한다.

잔가盞斝 : 잔盞, 가斝, 모두 다 옥으로 만든 술잔을 가리킨다.

소쇄원 48영 중 제22영

넓은 바위에서 장기를 두며

바위 기슭 좀 넓고 평평한 곳
대숲 사이에서 한나절 보냈다네
손님 오자 장기 한판 벌어지니
우박 소리 공중에서 쏟아지는 듯

床巖對碁　　상암대기

石岸稍寬平　　석안초관평
竹林居一半　　죽림거일반
賓來一局碁　　빈래일국기
亂雹空中散　　난박공중산

이 시는 넓은 바위 위에서 장기를 두는 모습을 그린 것이다. 대기는 바둑인지 장기인지 불분명하지만, 마지막 구의 우레 같은 소리를 하며 둔다는 것으로 미루어보아 장이야 멍이야 하면서 장기를 두는 것으로 보인다. 「소쇄원도」에는 석가산과 광석 사이에 상암이 그려져 있다.

일반一半 : 절반 정도를 말함이니 한나절을 의미한다.

난박亂雹 : 어지럽게 흩어지는 우박. 여기서는 공중에서 내리는 우박이 아니라, 장기를 두며 내는 우박 같은 소리를 비유적으로 말한 것이다.

소쇄원 48영 중 제23영

긴 계단을 걸으며

세상 생각에서 벗어난 맑은 마음으로
자유롭게 계단 위를 거닐어 보네
시 읊을 때는 여유로운 마음이더니
읊고 나면 그런 감정도 잊어버린다네

脩階散步　　수계산보

澹蕩出塵想　　담탕출진상
逍遙階上行　　소요계상행
吟成閒箇意　　음성한개의
吟了亦忘情　　음료역망정

수계의 수脩는 길다는 뜻이다. 수계는 긴 섬돌, 계단 길을 말한다. 그러한 긴 섬돌 길을 산보하는 정경을 그린 시이다. 「소쇄원도」에는 사람 셋이서 대봉대를 지나서 걸어가는 모습을 수계산보라고 표시하였다.

담탕澹蕩 : 차분하고 침착한 모습, 마음 편하고 한가한 모양이다. 담녕 澹寧과 비슷한 말이다.

소요逍遙 : 한가롭게 거닐다. 유유자적하다. 『장자』의 편명에 「소요유逍遙遊」가 있다.

망정忘情 : 희로애락의 감정이 없는 것, 정에 얽매이지 않는 것을 말한다. 앞의 소요逍遙나 망정忘情은 다 도가道家의 말이다.

소쇄원 48영 중 제24영

회화나무 아래 바위에 기대어 졸며

회화나무 아래 바윗돌을 쓸고서
아무도 없이 혼자서 앉아 있을 때
졸다가 깜짝 놀라 일어선 것은
의왕에게 알려질까 두려워서라네

倚睡槐石　　　의수괴석

自掃槐邊石　　　자소괴변석
無人獨坐時　　　무인독좌시
睡來驚起立　　　수래경기립
恐被蟻王知　　　공피의왕지

괴는 회화나무라고도 하는 큰 나무로, 우리나라에서는 느티나무에도 같은 글자를 쓴다. 소쇄원의 나무는 느티나무라고 한다. 매대梅臺 근처에 괴석이 있었다. 그곳에 기대어 잠을 자는 모습을 그린 시이다. 당나라 이공좌李公佐의 「남가기南柯記」에 나오는 인생의 부귀영화가 모두 헛된 것임을 비유하는 남가일몽, 일장춘몽 등의 고사를 바탕으로 지어진 시이다.

독좌시獨坐時 : 혼자 있을 때에. 좌坐는 앉는다는 의미가 있지만, 여기서는 바로, 마침이라는 뜻까지 있다.

의왕蟻王 : 개미 나라의 왕이다. 「남가기」에 나오는데 한 사람이 홰나무 밑에서 낮잠을 자다가 개미나라에 들어간 일을 말한다.

소쇄원 48영 중 제25영

조담에서 멱을 감고

못이 맑아 깊은 바다 보이는데
목욕을 하고 나도 파랗고 맑네
믿을 수 없어라, 인간 세상에
이 더위에 이처럼 깨끗한 곳 있다니

槽潭放浴 조담방욕

潭淸深見底	담청심견저
浴罷碧粼粼	욕파벽린린
不信人間世	불신인간세
炎程脚沒塵	염정각몰진

조는 둘레가 높고 가운데가 움푹 들어간 기물을 가리키니, 조담은 그렇게 생긴 못을 말한다. 소쇄원 물줄기가 흘러오다 깊게 패여 물이 모인 곳이 조담인데, 이 물이 쏟아져 내려와 폭포를 이룬다. 그 곳에서 목욕을 하는 모습을 그린 시이다.

벽린린碧粼粼 : 파랗고 맑다. 린린은 물이 맑은 모습이다. 목욕을 마쳐도 물이 파랗고 맑다는 말은 바닥이 바위여서, 흙이 올라오지 않는다는 뜻이다. 목욕에서 목沐은 머리 감다, 욕浴은 몸을 씻는다는 말이다.

각몰진脚沒塵 : 다리에(아래에) 먼지가 하나도 없다. 깨끗하다는 말이다.

소쇄원 48영 중 제26영

다리 근처 두 그루 소나무

물이 콸콸 섬돌 따라 흐르고
다리 가에 두 그루 소나무
남전에도 일이 있는 것인지
그 다툼 이리 조용한 곳에 미치는가

斷橋雙松 단교쌍송

㶁㶁循除水	괵괵순제수
橋邊樹二松	교변수이송
藍田猶有事	남전유유사
爭及此從容	쟁급차종용

이 시는 소쇄원의 다리 근처 소나무를 그린 시이다. 단교는 겨울에 흰 눈이 내릴 때, 다리에 있는 눈은 빨리 녹아 다리가 마치 끊어진 것처럼 보여 이름 붙여진 것이다. 그래서 한시에서 단교라고 하면 물 위에 걸쳐진 다리를 말한다. 항주 서호西湖에도 단교가 있어서 유명하다. 소쇄원은 계곡을 건너는 다리가 두 군데 놓여 있다.

괵괵㶁㶁 : 물이 갈라지며 흐르는 소리이다. 그냥 물이 흐른다고 할 때는 '획획'이라고 읽기도 한다.

남전藍田 : 중국의 남전현에 있는 지명으로 옥의 산지이다. 또 절을 일컫기도 하는데, 여기서는 은자가 사는 곳 소쇄원을 가리킨다.

소쇄원 48영 중 제27영

언덕에 자라는 소나무와 국화

북쪽 산마루 층층이 푸르고
동쪽 울타리 점점이 노랗네
언덕을 따라서 소나무와 국화 섞여
늦가을 풍상에 서로 의지하고 있구나

散崖松菊 산애송국

北嶺層層碧 북령층층벽
東籬點點黃 동리점점황
緣崖雜亂植 연애잡란식
歲晩倚風霜 세만의풍상

이 시는 언덕을 따라 있는 소나무와 국화를 그린 시이다. 북쪽 산봉우리와 동쪽 울타리는 예로부터 소나무와 국화의 집이다. 소쇄원에서도 안으로 들어가는 언덕으로 소나무와 국화들이 많이 있었다.

북령北嶺 : 북쪽의 산마루. 도연명의 시 「사시四時」에 나오는 '동령수고송冬嶺秀孤松/ 겨울 산마루엔 외로운 소나무 빼어나네'라는 유명한 시구가 있다.

동리東籬 : 동쪽 울타리. 도연명의 시 「음주飮酒」에 나오는 '채국동리하採菊東籬下/ 동쪽 울타리 밑에서 국화를 따며'라는 유명한 시구가 있다.

소쇄원 48영 중 제28영

돌 받침 위의 매화

바로 기묘한 모습을 논하려거든
돌에 꽂힌 뿌리를 보아야 하지
맑고 잔잔한 물까지 함께 갖추어
성긴 그림자가 황혼에 들어서네

石趺孤梅　　석부고매

直欲論奇絶　　직욕논기절
須看揷石根　　수간삽석근
兼將淸淺水　　겸장청천수
疎影入黃昏　　소영입황혼

석부는 돌 받침대. 돌로 받쳐서 식물을 심은 것을 석부작石趺作이라고 한다. 바위에 뿌리를 내린 매화의 모습을 시로 나타낸 것이다.

소영疎影 : 성긴 그림자, 매화를 가리키는 말이다. 중국 임포의 영매시인 「산원소매」에서 '소영횡사수청천疏影橫斜水淸淺/ 듬성듬성한 그림자는 맑고 얕은 물에 비스듬히 비치고, 암향부동월황혼暗香浮動月黃昏/ 그윽한 향기는 황혼의 달빛 아래 은은히 떠도네'란 시구는 절창으로 회자된다. 이 시에서 그는 물과 달, 그리고 매화의 향기를 결합하여 매화의 아름다움을 찬미하였다.

소쇄원 48영 중 제29영

길 양쪽에 늘어선 대나무

눈 덮인 줄기 높이 솟아올라서
구름 닿은 가지 부드럽게 흔들리네
지팡이 정도 자라면 오래된 껍질 떨어지니
새 줄기 싸고 있던 옷을 벗은 듯

夾路脩篁　　협로수황

雪幹摐摐直　　설간창창직
雲梢嫋嫋輕　　운초뇨뇨경
扶藜落晩籜　　부려낙만탁
解帶繞新莖　　해대요신경

협로는 보통 숲 사이로 난 길이다. 수황은 긴 대나무라는 말이다. 여기서는 대나무 사이로 난 작은 길이다. 「소쇄원도」에는 소쇄원 들어가는 근처에 협로수황이라고 표시되어 있다.

창창摐摐 : 높이 솟은 모양이다. 창摐은 찌르다. 치다의 뜻이다.

운초雲梢 : 구름 가까이 올라간 대. 초梢는 벼 줄기 끝인데, 끄트머리를 말한다.

만탁晩籜 : 묵은 대껍질이다. 탁籜은 대 꺼풀 탁이다.

해대解帶 : 띠를 풀다, 대껍질이 벗어지는 것을 '옷을 벗다'라고 보았다.

소쇄원 48영 중 제30영

바위틈에 솟아 나온 대 뿌리

하얀 뿌리에 먼지 묻는 게 부끄러워
이따금 돌 위에 드러내는가
몇 해나 아이 손자 자라났을까
곧은 마음 늙을수록 더욱 꿋꿋해

迸石竹根　　병석죽근

霜根牌染塵　　상근패염진
石上時時露　　석상시시로
幾歲長兒孫　　기세장아손
貞心老更苦　　정심노경고

병석은 돌 사이로 솟아 나온다는 말이다. 대나무 뿌리가 바위 사이로 솟아 나옴을 그린 시이다. 소쇄원에는 수많은 대나무가 있었던 것 같다. 「소쇄원도」에만 해도 천간千竿, 총균叢筠, 수황脩篁 등 대나무 관련 여러 어휘가 나타나 있다.

상근霜根 : 흰 대 뿌리, 여기에서 상霜은 서리가 아니라 흰색의 의미이다.

로露 : 이슬 로이지만 드러내다. 알리다의 의미로도 쓰인다.

아손兒孫 : 아이와 손자, 어린 대나무를 가리킨다.

소쇄원 48영 중 제31영

산비탈에 집 짓고 사는 새

훨훨 산비탈을 나는 새
때때로 내려와 물에서 노는구나
마시고 쪼는 것은 본성을 따름이니
서로 거스르지 않고 백구와 어울리네

絶崖巢禽　　절애소금

翩翩崖際鳥　　편편애제조
時下水中遊　　시하수중유
飮啄隨心性　　음탁수심성
相忘抵白鷗　　상망저백구

소쇄원에는 산비탈에 집을 짓고 사는 새들이 많았는가 보다. 가끔 계곡의 물가에 내려와서 놀기도 하였다. 그런 산비탈 집에 깃들어 사는 새의 모습을 그린 시이다.

편편翩翩 : 훨훨, 나는 모습을 그린 말이다. 고구려 유리왕의 「황조가」에 '훨훨 나는 꾀꼬리/ 翩翩黃鳥'라는 시구가 있다.

음탁飮啄 : 마실 음, 쫄 탁. 새가 물마시고 부리로 쪼는 모습이다.

소쇄원 48영 중 제32영

저물녘 대밭에 돌아오는 새

돌 위의 몇 그루 대나무
상비의 눈물 자국 남아 있구나
산새는 그 한을 알지 못한 듯
황혼녘이면 어김없이 돌아온다네

叢筠暮鳥　　총균모조

石上數叢竹　　석상수총죽
湘妃餘淚班　　상비여루반
山禽不識恨　　산금불식한
薄暮自知還　　박모자지환

총균은 모여 있는 대나무를 말한다. 모조는 저녁 새이다. 새들도 아침에 출근하였다가 저녁이 되면 퇴근하여 자기 숲으로 돌아오는 법이다. 「소쇄원도」에는 대봉대 옆에 총균모조라는 표시가 있고 날아드는 새가 한 마리 그려져 있다.

총죽叢竹 : 두어 그루, 혹은 무더기 대나무. 총叢은 모이다, 모으다, 떨기로 나다는 뜻이다.

상비湘妃 : 요임금의 두 딸 아황과 여형이다. 그 둘은 모두 순임금에게 시집을 갔는데, 순임금이 죽자 상강에 빠져 죽어 상강의 신이 되었다고 한다. 또 죽기 전에 흘린 많은 눈물이 묻어 상강의 반죽斑竹이 되었다고 한다.

소쇄원 48영 중 제33영

골짜기 물가에서 졸고 있는 오리

하늘이 은자에게 맡기어 준 것은
맑고 서늘한 한줄기 샘물이라네
흐르는 물은 관여하지 않았는지
오리에게 나누어 주어 한가로이 졸고 있네

壑渚眠鴨　　학저면압

天付幽人計　　천부유인계
清冷一澗泉　　청냉일간천
下流渾不管　　하류혼불관
分與鴨閒眠　　분여압한면

지금도 소쇄원에 들어가면 입구 근처의 물가에 서너 마리 오리들이 노닐고 있다. 그 오리들을 시로 읊은 내용이다. 「소쇄원도」에 적힌 시제에는 '골짜기 아래/ 壑底'라고 표기되어 있다.

불관不管 : 주관을 않고. 단속하지 않는다. 피리 관, 대롱 관管은 관할하다, 주관하다는 뜻으로도 쓰인다.

분여分與 : 나누어 주다, 분은 나누다, 구별하다는 뜻이고 여與는 주다, 베풀다는 뜻이다.

소쇄원 48영 중 제34영

세찬 여울 가의 창포

듣자니 여울가의 풀은
구절향을 가지고 있다 하네
날리는 물줄기 날마다 뿜어대어
한결같이 더위를 식혀주는구나

激湍菖蒲　　격단창포

聞說溪傍草　　문설계방초
能含九節香　　능함구절향
飛湍日噴薄　　비단일분박
一色貫炎涼　　일색관염량

세찬 여울 가에 심어져 있는 창포를 그린 시이다. 소쇄원에 들어가는 계곡 초입에는 창포가 심어져 있었다. 양응정도 '돌 밑 창포에는 맑은 물이 흐른다네'라는 소쇄원 시구를 남겼다.

구절향九節香 : 아홉 마디 향기. 창포를 가리키는 말이다.

염량炎涼 : 덥고 차가움, 한서寒暑처럼 세월을 의미하는 말이다. 부귀와 빈천. 한훤寒喧처럼 안부를 의미하기도 한다. 여기서는 더위를 식히다는 뜻으로 쓰였다.

소쇄원 48영 중 제35영

비스듬한 처마에 오르는 사계화

확실히 꽃 가운데 성인이어서
청화하게 사계절에 갖추어 있네
띠풀 처마 비스듬할수록 좋은데
매화와 대나무와도 서로 지기라네

斜簷四季	사첨사계
定自花中聖	정자화중성
清和備四時	청화비사시
茅簷斜更好	모첨사경호
梅竹是相知	매죽시상지

사첨은 비스듬한 처마이다. 사계는 사계화를 가리킨다. 비스듬한 처마를 타고 올라가는 사계화를 그린 시이다. 사계화는 장미의 한 종류로 꽃 가운데 성자라고도 하였다.

청화清和 : 청은 맑고 깨끗하다는 뜻이고, 화는 조화롭게 화합하는 것을 말한다. '청화비시清和備時'는 『맹자』 만장에 나오는 말이다.

상지相知 : 서로 지기라네. 사첨과 사계가 서로 좋은 것처럼, 매화와 대나무도 사계화와 서로 친구(지기) 같다는 뜻이다.

소쇄원 48영 중 제36영

복사꽃 언덕의 봄 새벽

봄빛이 복숭아꽃 언덕에 찾아드니
새벽안개 낮게 깔려 붉게도 물들었네
아득하여라, 바위 골짜기 속에서
마치 무릉계를 건너는 것 같아

桃塢春曉　　도오춘효

春入桃花塢　　춘입도화오
繁紅曉霧低　　번홍효무저
依迷巖洞裡　　의미암동리
如涉武陵溪　　여섭무릉계

도오는 시구에 나오는 도화오桃花塢이다. 광풍각 뒤의 복숭아 꽃 언덕을 말한다. 아침 햇살을 받으면 붉은 복사꽃 향기가 계곡에 가득하였음을 알려주고 있다. 마치 무릉도원 같다는 말이다.

번홍繁紅 : 붉은 송이, 번繁은 많을 번으로 성하다는 뜻이다.

암동巖洞 : 신선의 거처, 여기서는 소쇄원을 가리킨다.

무릉계武陵溪 : 무릉의 계곡. 도연명의 「도화원기」에 나오는 이상향으로 신선의 거처이다. 여기서는 소쇄원을 가리킨다.

소쇄원 48영 중 제37영

동대의 여름 그늘

바위 언덕 오래된 나뭇가지 받쳐 들고
비와 이슬 맞는 기다란 맑은 그늘
순임금의 태평성세 천 년 동안 밝게 되어
〈남풍가〉 지금까지 불리우고 있다네

桐臺夏陰 동대하음

巖崖承老幹 암애승노간
雨露長淸陰 우로장청음
舜日明千古 순일명천고
南風吟至今 남풍음지금

동대는 오동나무가 심어진 대, 여기서는 대봉대를 말한다. 옆에 오동나무가 심어져 있어서 당시에는 동대라고 하였던 것 같다. 영주 양천운이 1614년에 지은 「계당 중수 상량문」에 '봉황을 기다리는 대'라는 뜻의 대봉대라는 이름이 보인다.

우로雨露 : 비와 이슬, 임금의 은택이라고도 한다. 오동잎이 넓어 비와 이슬을 잘 받고 있는 모습을 말하였다.

순일舜日 : 순일요년, 순임금과 요임금의 시대, 곧 태평성세를 비유하여 이르는 말이다.

남풍南風 : 남녘 바람이지만, 여기서는 「남풍가」를 말한다. 순임금이 지었다는 악곡의 이름이다.

소쇄원 48영 중 제38영

오동나무 그늘 아래 쏟아지는 폭포

무성하게 푸른 잎 이루었는데
어젯밤 시냇가에 비가 지났네
오동나무 사이로 폭포가 쏟아지니
마치 흰 봉황 춤추는 것 같아라

梧陰瀉瀑　　오음사폭

扶疎綠葉陰　　부소녹엽음
昨夜溪邊雨　　작야계변우
亂瀑瀉枝間　　난폭사지간
還疑白鳳舞　　환의백봉무

대봉대 아래에는 오동나무가 있고, 그 밑으로 폭포가 쏟아지고 있었다. 특히 지난 밤 비가 지나가고 난 후 많은 물줄기가 쏟아졌음을 보여주고 있다.

부소扶疎 : 나뭇가지가 무성하게 뻗은 모양.

난폭亂瀑 : 난亂은 어지러운 모양이다. 난폭은 어지러이 흩어지는 폭포를 가리킨다.

백봉白鳳 : 흰 봉황새라는 뜻으로 폭포 물방울이 어지럽게 튀어 날리는 모습을 흰 봉황새 같다고 하였다. 오동나무가 있어서 그렇게 표현한 것이다.

소쇄원 48영 중 제39영

버드나무 물가의 손님맞이

손님이 찾아와서 사립문 두드리며
부르는 소리에 낮잠이 깨었다네
의관을 정제하고 맞으러 가기도 전에
말을 매고 개울가에 서 있구나

柳汀迎客　　　유정영객

有客來敲竹　　　유객내고죽
數聲驚晝眠　　　수성경주면
扶冠謝不及　　　부관사불급
繫馬立汀邊　　　계마입정변

유정은 버드나무 물가이다. 「소쇄원도」에는 투죽위교 옆에 한 그루 버드나무가 있고 유정이라 쓰여 있다. 영객에서 객客을 나그네라고 하면 지나가는 사람으로 들린다. 찾아오는 손님을 의미하는 말이다. 광풍각은 보통 손님이 오면 맞이하는 집이었다. 그 입구 버드나무 물가에서 손님을 맞이하는 모습을 그린 시이다.

고죽敲竹 : 대나무를 두드린다는 말이나, 사립문을 두드린다는 의미이다.

수성數聲 : 몇 마디 소리라는 말이나, '부르는 소리' 라는 의미이다.

사불급謝不及 : 여기서 사謝는 대답하다는 뜻이다. 나가서 대답을 하기도 전에라는 의미이다.

소쇄원 48영 중 제40영

골짜기 건너편 연꽃

깨끗하게 서 있는 게 보통 꽃이 아니어서
그 모습 아름다워 멀리서도 볼 만하네
향기로운 연꽃 바람 골짜기를 가로질러
방안에 들어오니 지란芝蘭보다 낫구나

隔澗芙蕖　　격간부거

淨植非凡卉　　정식비범훼
閒姿可遠觀　　한자가원관
香風橫度壑　　향풍횡도학
入室勝芝蘭　　입실승지란

부거의 부와 거, 모두 연꽃이다. 연이 어디에 있었는지 확실하지는 않지만, 두 개의 연못이 있었으므로 그중 어느 연못에 심어져 있었을 것이다. 제월당 방 안에 앉아서 계곡 건너에서 전해오는 연꽃 향기를 맡고 그 정경을 담은 시이다.

가원관可遠觀 : 멀리서도 볼 만하다. 시력이 좋아서만 보이는 것이 아니라, 꽃이 너무 아름다워 멀리서도 볼 만하다는 의미이다.

지란芝蘭 : 아름다운 지초와 난초이다. 여기서는 친구의 뜻으로 사용되었다. 지란지교는 좋은 친구를 가리키는 말이다.

소쇄원 48영 중 제41영

연못에 흩어져 있는 순채 싹

장한이 강동으로 돌아간 후로
풍류를 아는 이 그 누구일까
옥 같은 농어회 아니라 하여도
기다란 순나물을 맛보고 싶구나

散池蓴芽　　산지순아

張翰江東後　　장한강동후
風流識者誰　　풍류식자수
不須和玉膾　　불수화옥회
要看長氷絲　　요간장빙사

순아는 순채 싹이다. 순채는 연못에 자라는 부생식물로 그 순을 국이나 나물로 먹는다. 소쇄원 들어가는 초입의 연못에 흩어져 있는 순채에 대하여 쓴 시이다. 「소쇄원도」에는 산지순아가 표시되어 있다.

장한강동張翰江東 : 중국 진나라의 장한張翰이 자기 고향의 명산인 순채국과 농어회를 먹기 위해 벼슬을 그만 두고 고향인 강남으로 귀향하였다는 고사가 있다. 다른 선비들도 그렇게 하고 싶은 마음에 늘 사용하던 일화이다. 이 고사를 배경으로 지은 시이다.

빙사氷絲 : 누에 실, 거문고 줄 등을 가리킨다. 여기서는 순채를 가리키는 말로 쓰였다.

소쇄원 48영 중 제42영

산골 물가에 핀 백일홍

세상의 아름다운 꽃들도
모두 다 열흘 가는 향기가 없다네
어찌 물가에 있는 배롱나무는
백일이나 붉은 꽃을 대하게 하는지

櫬澗紫薇　　츤간자미

世上閒花卉　　세상한화훼
都無十日香　　도무십일향
何如臨澗樹　　하여임간수
百夕對紅芳　　백석대홍방

츤간에서 츤은 속옷 츤, 가까이 할 츤이다. 츤간은 '가까운 물가'라는 뜻이다. 광풍각 건너편 계곡 언덕에 백일홍(자미)이 심어져 있었는데, 이 정경을 그린 시이다. 자미는 배롱나무, 백일홍百日紅을 말한다. 소쇄원 안에도 있었고, 또 마을 앞 시냇가에도 배롱나무가 많아서 자미탄紫薇灘이라 부르기도 하였다.

한화훼閒花卉 : 아름다운 화훼, 꽃을 말한다. 한화는 들꽃 야생화를 가리킨다. 또 그윽하고 고상한 꽃을 말한다.

백석百夕 : 백일 내내, 오래도록이라는 말이다. 백일홍은 그렇게 오랫동안 피어있기에 붙여진 이름이다.

소쇄원 48영 중 제43영

빗방울 떨어지는 파초 잎

어지럽게 은빛 화살 쏟아지니
푸른 비단 춤추는 듯이 너울거리네
향수에 젖어 듣는 것에 비할 바 아니지만
여전히 좋아라 적막함을 깨트려주니

滴雨芭蕉	적우파초
錯落投銀箭	착락투은전
低昂舞翠綃	저앙무취초
不比思鄕聽	불비사향청
還憐破寂寥	환련파적요

적우는 빗방울이 똑똑 떨어진다는 뜻이다. 「소쇄원도」에는 광풍각을 지나서 제월당으로 가는 길 왼편에 파초가 그려져 있다.

착락錯落 : 분포나 배열이 불규칙함, 들쑥날쑥 정연치 아니 하고 뒤섞여 어지러운 모양이다.

취초翠綃 : 초綃는 생사, 생사로 짠 비단. 푸른 비단이라는 뜻인데 파초를 가리키는 말이다.

소쇄원 48영 중 제44영

골짜기에 비치는 단풍

가을 되니 바위 골짝 차가워지니
단풍잎 일찌감치 서리에 놀랐다네
쓸쓸히도 붉은 노을에 흔들리며
너울거리는 그 모습 물가에 비치네

映壑丹楓　　영학단풍

秋來巖壑冷　　추래암학냉
楓葉早驚霜　　풍엽조경상
寂歷搖霞彩　　적력요하채
婆娑照鏡光　　파사조경광

영학은 골짜기에 비친다는 말이다. 소쇄원에는 계곡의 석가산 근처 제월당 방향에 단풍나무가 있었다. 그 붉은 단풍나무의 모습이 계곡물에 비친 것을 묘사한 것이다.

적력寂歷 : 적막하고 쓸쓸한 모양이다. 초목의 잎이 시들어 떨어져서 드문드문함, 쓸쓸하고 텅 빈 모양이다.

하채霞彩 : 노을 하, 채색 채. 오색찬란한 노을, 채색 깃발로, 단풍을 가리킨다.

파사婆娑 : 너울거리는 모습이다.

넓은 뜰에 덮인 눈

어느샌가 산 구름 어두워지다가
창을 여니 원림엔 눈이 가득하여라
계단도 구별 없이 멀리까지 희게 덮이니
한적한 집안에 부귀가 찾아왔는가

平園鋪雪　　　평원포설

不覺山雲暗	불각산운암
開窗雪滿園	개창설만원
階平鋪遠白	계평포원백
富貴到閒門	부귀도한문

평원은 평평한 뜰을 말한다. 소쇄원의 제월당에서 창문을 여니, 흰 눈이 가득 쌓여 있었다. 그 모습을 시로 나타낸 것이다.

불각不覺 : 모르는 사이에. 어느샌가의 뜻이다.

계평階平 : 섬돌이 평평하다는 뜻으로 사용하였다. 멀리까지 흰 눈이 덮여서 섬돌이 평평해 보인다는 말이다. 계단도 구별할 수 없을 정도이다.

한문閒門 : 한적한 집을 말한다. 왕래하는 사람이 드문 한적한 집의 문이다. 눈이 내린 것이 흰색이라 쌀 등을 의미하여 부귀라고 한 것이다.

소쇄원 48영 중 제46영

눈에 덮인 붉은 치자

들으니 꽃잎이 여섯으로 피어나니
사람들이 온 숲에 향이 가득하다 하네
붉은 열매 푸른 잎과 서로 어울려
눈서리에서도 맑고 고와라

帶雪紅梔　　대설홍치

曾聞花六出　　증문화육출
人道滿林香　　인도만림향
絳實交青葉　　강실교청엽
淸妍在雪霜　　청연재설상

대설은 눈을 두르고 있다는 말이다. 홍치는 붉은 치자열매이다. 겨울에 그 열매가 붉게 남아 있어서 아름답게 보인다. 소쇄원 제월당을 올라가는 길에는 한쪽에 치자나무가 심어져 있다.

육출六出 : 눈의 별칭이자 치자 꽃의 별칭이다. 여기서는 치자 꽃을 가리킨다.

강실絳實 : 강絳 진홍 강, 진홍색 강으로 치자의 붉은 열매이다.

소쇄원 48영 중 제47영

애양단의 겨울 낮

단 앞의 계곡물 아직 얼어있는데
단 위의 눈은 모두 녹아있구나
팔을 베고 따뜻한 볕을 맞이하니
닭 울음소리가 오교에 들리네

陽壇冬午 양단동오

壇前溪尚凍	단전계상동
壇上雪全消	단상설전소
枕臂延陽景	침비연양경
鷄聲到午橋	계성도오교

소쇄원에 들어가면 애양단愛陽壇이라고 쓰인 담이 있다. 그 아래의 겨울 한낮을 그린 시이다. 동오에서 오午는 11시~1시를 가리킨다. 겨울의 한낮이라는 뜻이다.

계상동溪尚凍 : 계곡물이 아직 얼어있다. 소쇄원 애양단 앞의 계곡물이 아직 얼어있다는 말이다.

침비枕臂 : 베개 침枕, 팔 비臂이다. 침비는 팔을 베다. 아마 애양단 아래 평상이라도 있어서 누워서 햇볕을 쬐고 있을 모습이 떠오른다.

오교午橋 : 당의 배도가 조성한 원림인데, 여기서는 소쇄원을 말한다.

소쇄원 48영 중 제48영

긴 담에 써 붙인 제영

긴 담이 백 척이나 가로놓여서
하나하나 새로운 시를 써 놓았다네
마치 긴 병풍 두른 듯하니
비바람에 잘못되지 않기를 바랄뿐

長垣題詠　　장원제영

長垣橫百尺　　상원횡백적
一一寫新詩　　일일사신시
有似列屛障　　유사열병장
勿爲風雨欺　　물위풍우기

장원에서 원垣은 담장이니, 장원은 긴 담이다. 그 담 벽에 하서 김인후 선생이 「소쇄원 48영」을 친필로 썼다고 한다. 1717년 김창흡의 「남유일기」나 1722년 이하곤의 「남유록」의 기록에 의하면 당시에도 일부는 남아 있어서 희미하게나마 그 시를 읽을 수 있었다고 하였다.

횡백척橫百尺 : 백 척이나 가로 놓이다. 횡수橫竪는 가로와 세로이다.

신시新詩 : 새로운 시. 아마 안평대군의 「비해당 48영」이라는 시에 이어서, 48영 시를 더 새롭게 지었던 하서의 자부심이 매우 컸을 것이다. 그래서 새로운 형식의 시라고 하였던 것 같다.

병장屛障 : 병풍屛風과 같은 말이다. 병屛은 문 앞에 세운 작은 담인데, 가리다 등으로 쓰임이 넓어졌다.

* 양응정(梁應鼎, 1519~1581)

소쇄처사를 보내며

하늘에서 내린 사람 바닷속 산에서 솟았는데
훌륭한 후손들은 효성도 더 하였다네
참으로 돈독한 마음 사모의 정 기울였고
학식은 선배들보다 높아 따라갈 수 없었다오
현자의 덕화 백성에겐 얼마나 복이 되었는데
용과 뱀의 해 만나 수명 또한 짧게 되었네
막막한 구천에서도 아마 고통스러워하는 건
북풍에 훤추리가 날마다 시들어감이겠지

輓瀟灑處士	만소쇄처사
天人湧出海中山	천인용출해중산
符彩雲孫尙被斑	부채운손상피반
誠篤白華傾慕悅	성독백화경모열
識高前輩斷追攀	식고전배단추반
遺賢藪澤民何福	유현수택민하복
值歲龍蛇壽亦慳	치세용사수역간
漠漠九原應結痛	막막구원응결통
北風萱草日摧顔	북풍훤초일최안

이 시 원제는 「만종형소쇄처사산보輓宗兄瀟灑處士山甫」로 되어 있다. 소쇄원에 현판으로 걸려있는 시이다.

해중산海中山 : 바닷속 산이란 신선의 산을 가리킨다. 우리나라를 가리키는 말이기도 하다. 여기서는 신선의 땅이었던 소쇄원을 가리킨다.

백화白華 : 현재는 없어진 『시경』의 편명인데, 효자가 서로 경계하여 어버이 봉양할 것을 읊은 시이다. 여기서는 양산보의 효성을 말한다.

수택藪澤 : 초목이 무성하거나 어류·동물들이 많이 번식하는 넓은 습지이다. 여기서는 뛰어난 제자들이 와서 공부할 수 있는 곳이다.

용사龍蛇 : 보통 현인의 죽음을 의미한다. 용사龍蛇에 해당하는 진년辰年과 사년巳年은 현인賢人에게 불행이 닥치는 흉년으로 알려져 있다.

훤초萱草 : 일명 망우초忘憂草라고도 하며 원추리를 말하는데 어머니를 비유한다. 소쇄옹은 모친보다 일찍 세상을 떠났다. 그래서 구천에서도 모친이 늙어 가는 것을 고통스러워하였을 것이라는 그의 효성을 말하고 있다.

양응정의 호는 송천松川이며, 본관은 제주이다. 학포 양팽손의 아들이다. 조선 전기에 진주목사, 광주목사, 공조참판, 대사성 등을 역임한 문신이다. 전라도 지역 누정 현판에 그의 시가 다수 걸려있다. 문집으로 『송천집』·『용성창수록龍城唱酬錄』 등이 남아 있다.

* 양자징(梁子澂, 1523~1594)

소쇄원

깨끗한 산 비 내리더니 계곡물 더욱 시원해
거문고 튕기는 소리 천천히 들려오네
천년 뒤엔 감당나무 누가 다시 볼거나
자그마한 이 동산에서 옛 사람을 그리겠지

瀟灑園	소쇄원
蕭蕭山雨灑溪心	소소산우쇄계심
琴上煩絃緩緩音	금상번현완완음
千載甘棠誰復見	천재감당수부견
小園令得古人襟	소원영득고인금

이 시에는 '소쇄원, 감사 윤인서에게 이어 드리다/ 瀟灑園次呈尹監司仁恕'라는 주가 붙어 있다. 윤인서의 소쇄원 시에 차운하여 이어 지은 시이다. 당시 윤인서는 전라도 관찰사로 있었는데 소쇄원을 방문하였던 것 같다.

감당甘棠 : 감당나무, 팥배나무라고도 하며 지방관이나 지방관의 선정을 상징한다. 『시경』에 나오는 것으로, 옛날의 현인을 사모하는 곳을 가리키는 말로도 쓰인다.

양자징의 호는 고암鼓巖으로 소쇄옹 양산보의 아들이다. 또 김인후의 문인이자 사위이다. 관직에 나아가 여러 군데 지방관을 하였으며, 부친을 이어 소쇄원을 가꾸어나갔다. 『소쇄원사실』에는 「고암유적십도」라는 시가 실려 있어서, 소쇄옹과 함께 소쇄원의 두 정신적인 지주로 숭앙되었음을 알 수 있다.

고암의 작품은 정유재란 때 모두 소실되었다. 현재 한시 9수와 산문은 3편이 남아 있다. 장인인 하서의 행장을 지었으며, 「무등산 기우제문」을 짓기도 하였다. 또 하서의 「잠부자가」등을 차운한 시도 있다.

* 김성원(金成遠, 1525~1597)

소쇄정 1

전원의 즐거움을 이미 이루었으니
어찌 영고성쇠를 마음에 둘까
거문고와 서책으로 누웠다 쉬었다가
솔밭과 대숲 그늘에서 소요한다네
바람맞으면 때로 홀로 휘파람 불며
시구 얻으면 길게 읊어보면서
하루 종일 한가롭게 지내다가
난간에 기대어 저녁 새만 세어보네

瀟灑亭 1	소쇄정 1
田園已成趣	전원이성취
榮落肯關心	영락긍관심
偃息琴書榻	언식금서탑
逍遙松竹陰	소요송죽음
迎風時獨嘯	영풍시독소
得句自長吟	득구자장음
盡日無機事	진일무기사
憑欄數暮禽	빙란수모금

작자의 소쇄원 현판 한시 두 수 가운데 첫 번째 시이다. 『서하당유고』상권에 실려 있는데, 원제는 「소쇄정 시에 차운하여 중명(양자징) 형에게 삼가 부치다/ 次瀟灑亭韻奉寄仲明兄」이다. 앞의 고암 양자징의 시에 차운하여 지은 시임을 알 수 있다.

관심關心 : 마음에 걸리다, 마음에 둔다는 뜻이다.

기사機事 : 어떤 일에 신경을 쓰는 것으로, 특히 꾀를 부리는 일을 말한다. 『장자莊子』에 나오는 말이다.

김성원의 호는 서하棲霞이며 본관은 광산이다. 김인후의 문하에서 수학하였다. 동복현감을 지내던 중 1592년 임진왜란이 일어나자 군량과 의병을 모으는 데 큰 공을 세웠다. 1596년 조카 김덕령이 무고로 옥사하자 세상과 인연을 끊고자 하였는데, 1597년 정유재란 때 어머니를 업고 피난하던 중 성모산聖母山에서 왜병을 만나자 부인과 함께 몸으로 어머니를 보호하다 운명하였다.

그는 서하당, 식영정 등 여러 누정을 지었고, 그곳에서 문인들과 교유하면서 원림문학을 발전시켰다. 시로 이름이 높아 많은 작품을 남겼는데, 「식영정잡영息影亭雜詠」 등은 세상에 널리 알려졌다. 문집으로 『서하당유고』가 있다.

* 김성원(金成遠, 1525~1597)

소쇄정 2

지척에 선경이 숨겨져 있으니
선계와 속계가 대 사립문 너머라네
차갑게 부서지는 물방울 흩어져 날리고
아름다운 나무는 푸르게 울타리 이루었네
젊을 적엔 놀러도 자주 갔었는데
노년에는 만남도 드물었구나
그리운 생각을 떨치지 못하다가
바라다보니 안개비만 뿌옇게 나리네

瀟灑亭 2	소쇄정 2
咫尺藏眞境	지척장진경
仙凡隔竹扉	선범격죽비
飛流寒碎玉	비류한쇄옥
佳樹翠成圍	가수취성위
少日游蹤數	소일유종삭
衰年見面稀	쇠년견면희
相思不能去	상사불능거
回首雨霏微	회수우비미

작자의 시 중 소쇄원 현판에 걸려있는 두 수 가운데 두 번째 시이다. 이 시에서 서하당 김성원은 젊을 때부터 소쇄원과 왕래가 있었다고 말하였다,

진경眞境 : 선경仙境, 여기서는 소쇄원을 말한다.

비미霏微 : 비霏는 조용히 내리는 비, 미微는 작고 가느다란 모습이다. 비미는 안개비, 보슬비를 말한다.

* 양자정(梁子渟, 1527~?)

고암정사

농막 곁에 작은 집 새로 지으니
아침저녁 연기 끼어 흥을 돋우네
가득 찬 벼이삭 옥 같은 알갱이 드리우고
울타리 타고 오른 오이 넝쿨을 뻗었구나
술상에는 이미 청탁淸濁이 있으니
소반 위의 안주가 무슨 상관이랴
효우孝友의 기쁨 이웃과 나누니
누가 알랴 농부처럼 살아가는 즐거움을

鼓巖精舍	고암정사
小堂臨墅開新搆	소당임서개신구
朝暮烟窓興不孤	조모연창흥불고
盈畝稻花垂玉實	영무도화수옥실
縈籬瓜蔓引龍鬚	영리과만인용수
壺觴己許兼清濁	호상기허겸청탁
盤飣何嫌稱有無	반정하혐칭유무
孝友餘懽隣曲共	효우여환인곡공
誰知吾樂寓農夫	수지오락우농부

이 시에는 '형님의 고암정사를 보고 1582년 가을/ 題家兄鼓巖精舍 萬曆壬午秋'이라는 주가 붙어 있다. 고암정사는 고암 양자징의 거처로 제월당 옆에 지어져 있었다. 「소쇄원도」에도 건물이 그려져 있는데, 지금은 그 터만 남아 있다.

청탁淸濁 : 청주와 탁주를 함께 부르는 말이다.

양자정의 호는 지암支巖이다. 양산보의 셋째 아들로 고암 양자징의 동생이다. 형 양자징과 우애가 매우 깊었으며, 소쇄원을 함께 지켜 나갔다. 훈도訓導를 지냈으며, 김인후의 문인이다. 그의 시는 『소쇄원사실』에 모두 6수가 남아 있다.

특히 제봉 고경명과 교유가 깊었는데, 고경명이 양자정에게 지어준 시가 28수나 남아 있다. 그 가운데 10여 수 이상이 양자정의 시에 차운한 것이다. 양자정은 형 양자징이 관직으로 소쇄원을 떠나자, 소쇄원을 지켜가기 위해 형의 거처인 고암정사 주변에 1574년에 부훤당負暄堂을 건립하였다.

* 기대승(奇大升, 1527~1572)

소쇄원

깨끗하여 티끌 없는 소쇄원에서
고결한 그 마음 물들지 않았구려
이 집을 지은 지 얼마나 되었던가
꽃나무 저절로 우거졌구나
흥겨운 마음으로 옛 자취 돌아보고
주인을 회상하며 나 홀로 읊조리네
이리저리 배회하다 우두커니 서 있으니
산새들 훨훨 날아 뜰 앞에 내려앉네

瀟灑園	소쇄원
瀟灑無塵境	소쇄무진경
淸高不染心	청고불염심
經營知幾日	경영지기일
花木自成陰	화목자성음
撫跡興餘賞	무적흥여상
懷人費獨吟	회인비독음
徘徊久佇立	배회구저립
庭畔下幽禽	정반하유금

원제는 「차운하여 고암 양중명 형제에게 드리다. 1571년 신미 3월 25일 서석으로부터 소쇄원 환벽당을 지나서 서하당에서 자다/ 次韻奉呈鼓巖梁仲明兄弟, 辛未三月二十五日, 自瑞石歷瀟灑環碧, 止宿棲霞堂」라고 되어 있다.

무적撫跡 : 옛 자취를 어루만지다. 소쇄원의 여러 자취를 살펴본다는 뜻이다.

기대승의 호는 고봉高峯으로, 광주에서 태어났다. 조선전기 성균관대사성, 대사간, 공조참의 등을 역임한 문신이자 학자였다. 소쇄원의 초기 시단을 구성하였던 인물이다. 소쇄원의 양자징·양자정 등과 시로써 교유가 많았다. 문집으로 『고봉집』이 있는데, 지역 관련 많은 한시문이 남아 있다. 광주의 월봉서원月峰書院에 제향 되었으며, 지금도 많은 기념사업이 이루어지고 있다. 행주 기씨 집안과 소쇄원 집안도 오래도록 세교가 있었다.

* 기대승(奇大升, 1527~1572)

사람을 보내면서 1

바다와 산은 뛰어난 기운 모아주고
하늘과 땅은 은자를 도와주네
삼여에 많은 학식을 쌓아놓고
한 계곡에 또 봄을 간직하였네
뜻이 원대하여 선배를 뒤따르고
말이 깊어서 후인을 계도했다네
처량히도 옥석만 남겨 놓았으니
그저 아름다운 자취 우러를 수밖에

挽人 1	만인 1
海嶽鍾英氣	해악종영기
乾坤相逸民	건곤상일민
三餘多積學	삼여다적학
一壑又藏春	일학우장춘
意遠追先輩	의원추선배
言深啓後人	언심계후인
凄凉留玉舃	처량유옥석
空復仰芳塵	공부앙방진

『고봉선생속집』권1에 실린 시로 「만인, 오언사운 5수/ 挽人, 五言四韻五首」로 되어 있는 시 가운데 한 수이다. 소쇄원 현판에 걸려있다.

일민逸民 : 은자隱者를 말한다. 학문과 덕행을 지니고서도 초야에 묻혀 벼슬하지 않는 사람을 말한다. 여기서는 양산보를 가리킨다.

삼여三餘 : 세歲와 일日과 시時의 남는 때인 동冬, 야夜, 음우陰雨를 말한다. 즉 겨울과 밤, 비오는 날 등 책 보기에 좋은 때를 가리킨다.

옥석玉舃 : 옥으로 만든 신으로 신선이 남기고 간 신발이다. 유향劉向의 『열선전列仙傳』에 나오며, 여기서는 소쇄옹이 신선이 되어 떠나갔음을 말한다.

* 기대승(奇大升, 1527~1572)

사람을 보내면서 2

지하의 수문랑으로 떠나 버리니
살아서 색동옷 춤추는 걸 어겼구려
생사 간의 정이야 끝이 없는 법
이승과 저승길이 슬프기만 하구나
적막한 집은 그대로 변함없는데
처량한 장구는 그 모습 아니네
닭 구워 멀리 조문도 못하고
동쪽 바라보며 눈물만 옷깃에 적시네

挽人 2	만인 2
地下修文去	지하수문거
人間舞彩違	인간무채위
存亡情不極	존망정불극
幽顯路猶依	유현노유의
寂寞池塘是	적막지당시
凄凉杖屨非	처량장구비
炙鷄乖遠造	자계괴원조
東望淚霑衣	동망누점의

소쇄원 현판 시이다. 고봉이 소쇄옹을 추모한 만시 중 두 번째이다.

지하수문地下修文 : 수문랑은 글을 짓는 관원을 가리킨다. 중국 진晉나라 소소蘇韶가 죽어서 지하에 가 보니, 안연顔淵과 복상卜商이 귀신의 성자로 대접받으면서 수문랑修文郞으로 있더라는 전설이 있다. 여기서는 양산보의 죽음을 의미한다.

무채舞彩 : 어버이를 기쁘게 해 드리기 위해 70세 된 노래자老萊子가 일부러 색동옷을 입고 어린아이처럼 재롱을 떨었다는 고사에서 나온 말이다. 여기서는 양산보가 노래자처럼 하지 못하고 부모보다 일찍 죽었음을 의미한다.

장구杖屨 : 지팡이 장杖, 신 구屨이다. 즉 지팡이와 신발로, 여기서는 고인의 유품이나 고인이 가는 길을 말한다.

자계炙鷄 : 구운 닭이다. 문상問喪하러 갈 때 사용하는 것이다. 후한後漢의 서치徐穉가 먼 곳으로 문상하러 갈 때 솜을 술에 적셔 햇볕에 말린 다음 그것으로 구운 닭을 싸서 휴대하기 간편하도록 만들어 가지고 갔다고 한다. 도착하여서는 솜을 물에 적셔 술을 만들고 닭을 앞에 놓아 제수를 올린 뒤 떠났다고 한다.

* 고경명(高敬命, 1533~1592)

소쇄원

오솔길 옆 대나무는 높이 자랐고
사립문은 물길 따라 열려있구나
학은 손님이 오는 것을 알아보며
층층이 쌓은 누대도 아름다워라
들으니 창 앞의 저 나무는
처음에 처사께서 심으신 매화라네
산그늘에 사셨던 고인께서는
달에서 노를 저어 왔던가 보오

瀟灑園	소쇄원
一逕出脩竹	일경출수죽
柴門幷水開	시문병수개
仙禽能解客	선금능해객
層石巧成臺	층석교성대
見說窓前樹	견설창전수
初移處士梅	초이처사매
山陰故人在	산음고인재
搖棹月中來	요도월중래

원제는 「임정자 복이 양처사에게 올린 시를 차운하다/ 次林正字復, 贈梁處士韻」이다. 임정자 복은 임복林復이다. 그의 호는 풍암楓巖으로 1546년에 문과에 급제하고 승정원 정자에 등용되었다가 다음해 양재역 벽서사건에 연루되어 삭주로 유배되기도 했다. 고향 나주에 은거하였다. 그가 소쇄원에 가서 지은 시를 제봉 고경명이 차운한 시이다.

선금仙禽 : 선인이 타고 다니는 새, 학鶴이다. 학은 또 태생이어서 태선胎仙이라고 부른다는 전설도 있다.

산음山陰 : 산그늘인데, 여기서는 소쇄원을 가리킨다.

고경명의 호는 제봉霽峰 본관은 장흥이다. 광주 압보촌鴨保村 출생으로 성균관 전적, 공조좌랑 등을 시작으로 승문원 판교, 동래부사 등 많은 관직을 역임하였다. 1592년 임진왜란이 일어나자 6천여 명의 의병이 담양에 모이게 되었다. 여기에서 전라좌도 의병대장에 추대되었다. 의병군은 금산에서 패배하여, 고경명은 아들 고인후와 유팽로·안영 등과 더불어 순절하였다. 시에 뛰어나 명종 시절 그 이름이 널리 알려졌다. 아울러 글씨·그림 등에도 능했으며, 문집으로 『제봉집』이 있고, 각처에 보낸 격문을 모은 『정기록正氣錄』이 있다. 그의 사당으로 광주에 포충사가 있다.

특히 그가 지은 무등산 기행문인 『서석록瑞石錄』은 4일간의 무등산 기행에 대한 장편 기록으로 무등산 인문유산의 최고봉이라고 할 만하다. 그 안에는 소쇄원 모습도 그려져 있다. 고경명은 소쇄원의 고암, 지암 형제 등과 매우 친하였다.

* 고경명(高敬命, 1533~1592)

부훤당

청전으로 계책을 주어 기반이 되어서
건물이 낙성되니 옛날보다 더 아름다워
술자리의 벗과 손님들 모두 칭송하여
높은 곳 올라보니 시가 나올 만해
즐거운 일 내게도 오니 어찌 다행 아니리
그대와 나누는 기쁨 쉬이 얻기 어려운데
누워서 가려운 등 긁는데 처마 밑은 따뜻하니
한가한 이 몸이 이밖에 무엇을 생각하리오

負喧堂	부훤당
青氈貽厥豈無基	청전이궐기무기
輪奐爭傳勝舊時	윤오쟁전승구시
飮落賓朋歸善頌	음락빈붕귀선송
登高物色待能詩	등고물색대능시
邀懽到我寧非幸	요환도아영비행
逸樂如君未易期	일락여군미이기
背癢臥搔簷日暖	배양와소첨일난
閑身此外更何思	한신차외갱하사

이 시에는 '이때 당이 새롭게 이루어졌다/ 時堂新成'는 주가 붙어 있다. 부훤당이 만들어진 때 지은 시임을 알 수 있다. 부훤당은 지암 양자정이 거처하기 위하여 1574년에 지은 집이다. 소쇄원의 담장 밖 고암정사 곁에 있었다.

청전靑氈 : 푸른 모포인데 선대先代로부터 전해지는 귀한 유물을 가리킨다. 진晉나라 왕헌지王獻之가 누워 있는 방에 도둑이 들어와서 물건을 모조리 훔쳐 가려 할 적에, 그가 도둑에게 "푸른 모포(청전)는 우리 집안의 유물이니, 그것만은 놓고 가는 것이 좋겠다."라고 말하자, 도둑이 질겁하고 도망쳤다는 고사에서 유래한다.

배양와소背癢臥搔 : 배양은 등 뒤의 가려움, 와소는 누워서 긁는다. 편안하게 살아가는 모습이다.

* 고경명(高敬命, 1533~1592)

만시

소쇄선생 병석에 누우신 지 얼마 안 되어
한밤중 다급한 부음을 맞이하였네
용사의 해라 현인 가실 줄 이미 알고도
향리에서는 어른 돌아가셨다고 탄식하네
소쇄공의 시렁에는 책만 덩그렇고
원림은 쓸쓸히 정공의 별장 같아
공의 마음에 가장 힘들었던 것은
병들어 누운 백발 모친이었으리

挽詩	만시
瀟灑先生臥未央	소쇄선생와미앙
中宵忽訝訃音忙	중소홀아부음망
龍蛇已覺賢人厄	용사이각현인액
鄉里爭嗟長者亡	향리쟁차장자망
書史凄凉玄晏架	서사처량현안가
園林蕭瑟鄭公莊	원림소슬정공장
人情最有難堪處	인정최유난감처
鶴髮慈親病在床	학발자친병재상

소쇄원 현판으로 된 제봉의 한시이다. 소쇄원에 걸린 현판 시들은 소쇄옹에 대한 만시가 많다. 제봉은 소쇄옹의 제문祭文도 지었다.

미앙未央 : 앙은 다하다 끝나다, 또 시간적으로 오래된 것을 말한다. 미앙은 얼마 되지 않음을 뜻한다.

현안玄晏 : 중국 진晉 나라의 은자隱者 황보밀皇甫謐의 호이다. 그는 농사를 지으면서도 고상한 뜻을 지니고 학문에 종사하였고 주경야독하면서 백가의 전적에 정통하였다. 무제武帝 때 여러 번이나 부름을 받았으나 끝내 벼슬하지 않았다. 여기서는 소쇄옹을 비유적으로 표현한 것이다.

정공장鄭公莊 : 정공의 별장. 비슷한 말이지만, 제봉 고경명의 문집에는 '정공향鄭公鄕'이라고 되어 있다. 정공향은 학자의 마을이라는 뜻이다. 여기서는 소쇄원 현판의 글자를 따랐는데, 물론 소쇄원을 가리킨다.

* 정철(鄭澈, 1536~1593)

소쇄원 초정草亭을 노래하다

나 태어나던 해에 이 정자 세워
사람이 오고 가길 마흔 해라네
벽오동 아래 시내는 시원하게 흘러
손님이 와 취하면 깨나지 않네

瀟灑園 題草亭	소쇄원 제초정
我生之歲立斯亭	아생지세입사정
人去人存四十齡	인거인존사십령
溪水冷冷碧梧下	계수냉랭벽오하
客來須醉不須醒	객래수취불수성

이 시는 '나 태어나던 해에 이 정자를 세워'라는 시구가 있어서, 소쇄원 창건과 관련하여 중요한 시이다. 이 해 1536년 무렵 어느 누정이 초정의 형태로 세워졌음을 알려준다. 시의 내용으로 보아서 창건 후 약 40여 년 후에 지어진 시이다.

사정斯亭 : 이 정자라는 말이다. 초정草亭을 말한다. 대봉대 옆에 초정이 있었거나, 아니면 대봉대가 원래 초정이었을 것이다.

정철의 호는 송강松江으로 본관은 연일延日이다. 일찍이 담양으로 와서 환벽당 등에서 공부를 하였다. 1562년(명종17) 문과에 급제하였다. 1580년 45세 때 강원도 관찰사가 되었으며, 이때 「관동별곡關東別曲」과 「훈민가訓民歌」 16수를 지어 시조와 가사문학의 대가로서 재질을 발휘하였다. 좌의정을 지냈으며 시호는 문청文淸이다. 담양에 송강정을 만들어 그곳에서 지냈으며, 식영정을 비롯하여 무등산권 여러 누정 원림에도 그의 문학적인 자취가 많이 남아 있다.

* 정철(鄭澈, 1536~1593)

소쇄원 1

숲 골짜기 구름 너머에 숨어서
그대 도의 마음 기르셨다네
소나무 이는 바람 서늘한 소리 전해 오고
달빛 받은 대나무 맑은 그림자 흔들리네
잘 익은 한 잔의 술을 마시며
길고 짧은 시구를 이루었다네
산에 산다고 어찌 벗이 없을까
때마침 새 두어 마리 내려오는데

瀟灑園 1	소쇄원 1
林壑隱雲表	임학은운표
生君道者心	생군도자심
風松送冷籟	풍송송냉뢰
月竹散淸陰	월죽산청음
爰以淺深酒	원이천심주
遂成長短吟	수성장단음
山人豈無友	산인기무우
時下兩三禽	시하양삼금

소쇄원 현판으로 걸린 송강의 한시이다. 원제는 「차운하여 고암께 올림 / 次韻奉上鼓巖丈」 두 수 중 첫 번째 시이다. 이 시는 송강의 문집 『송강속집』 권1에 「次瀟灑園韻二首」로 실려 있다. 하서 김인후의 「소쇄정즉사」 시에 차운한 것이다.

운표雲表 : 구름 너머, 구름 밖이다. 세상과 멀리 떨어진 곳을 의미한다.

청음淸陰 : 맑은 그림자로, 보통 대나무 그림자를 말한다.

천심주淺深酒 : 천심은 얕고 깊음이지만, 잘 익은 술이라는 뜻이다.

* 정철(鄭澈, 1536~1593)

소쇄원 2

절개 굳고 행실 고상한 고암 어른
홀로 산 중에서 사립문 닫았구나
저 푸른 봉우리 돌아 모인 물에
붉은 등꽃으로 두른 울타리까지
숨어 살려는 의도는 아니었지만
자연스레 찾는 사람도 드물어져
참 즐거움 이 사이에 있고 보니
숨어 사는 일 작은 게 아니었다네

瀟灑園 2	소쇄원 2
耿介高蹤客	경개고종객
山中獨掩扉	산중독엄비
水因青嶂合	수인청장합
籬以紫藤圍	이이자등위
非是隱淪志	비시은륜지
自然車馬稀	자연거마희
此間有眞樂	차간유진락
幽事未全微	유사미전미

소쇄원 현판으로 걸린 송강의 두 번째 시이다. 원제는 「차운하여 고암께 올림/ 次韻奉上鼓巖丈」이다. 이 두 시는 송강의 문집인 『송강속집』 卷1에 「次瀟灑園韻 二首」로 실려 있다.

고종객高蹤客 : 고종은 행실이 고상하다는 말이니, 그런 사람이라는 뜻이다. 여기서는 고암옹 양자징을 일컫는다.

은륜隱淪 : 은거하다, 숨어 산다는 뜻이다.

미전미未全微 : 아주 미약한 작은 일이 아니다. 그윽하게 숨어사는 일도 의미가 있다는 뜻이다.

* 백광훈(白光勳, 1537~1582)

소쇄원에서 느낌을 읊다

누정에는 백발의 신선 보이지 않아도
시내와 산 변함없는 옛 풍경이라네
새로 시를 지어 매화 향해 읊조리니
빈 섬돌엔 눈빛이 하늘엔 달빛이 가득하네

새봄이라 원옹園翁과 술 한 잔을 나누니
산발한 솔숲에서 바람이 얼굴 가득
시 읊어 이루어지려는데 스님은 이미 떠나고
흰 구름 밝은 달만 물속에 비치네

瀟灑園感吟	소쇄원감음
不見亭中鶴髮仙	불견정중학발선
溪山歷歷舊風烟	계산역력구풍연
新詩更向梅邊讀	신시갱향매변독
雪滿空階月滿天	설만공계월만천
新春一醉爲園翁	신춘일취위원옹
散髮松林滿面風	산발송림만면풍
吟夢欲成僧已去	음몽욕성승이거
白雲明月水聲中	백운명월수성중

원제는 「소쇄원에서 느껴 읊은 것을 고암옹에게 보이다./ 瀟灑園感吟, 示鼓巖翁」이다.

원옹園翁 : 원옹은 당시 소쇄원의 주인 고암 양자징을 가리킨다.

백광훈의 호는 옥봉玉峰으로 수원 백씨이다. 형인 백광안白光顔과 백광홍白光弘 및 종제 백광성白光城 등 한 집안 4형제가 모두 문장으로 칭송을 받았다. 삼당시인三唐詩人의 한사람이라고 하는데, 호남 서정시파의 대표적인 문인이다. 글씨에도 일가를 이루어서 빼어났는데, 특히 행초서를 잘 써 그의 필첩이 상당수 남아 있다. 문집으로는 『옥봉집』이 있다. 해남군 옥천면에 옥산서원이 있는데 1712년(숙종 38년) 옥봉사玉峰祠로 건립되었으며 백광훈을 배향하고 있다. 이곳 옥산서원에는 백광훈과 그의 아들 백진남白振南 등 후손들과 관련된 유물관이 있다.

* 김대기(金大器, 1557~1631)

소쇄원

이름난 소쇄원에서 오늘 만났으니
서로 통하는 세상의 오랜 벗들이네
매화나무 아래에서 술을 마시고
대나무 그늘에서 거문고 연주하네
양관陽關을 어찌 다 노래하리요만
백설白雪도 오래도록 읊어야지
가는 말을 재촉하지 마시게
숲속에 잠든 새들 놀라 깰지 모르니

瀟灑園	소쇄원
名園此日會	명원차일회
湖海舊知心	호해구지심
綠酒酌梅下	녹주작매하
瑤琴彈竹陰	요금탄죽음
陽關何足唱	양관하족창
白雪且長吟	백설차장음
征馬莫催發	정마막최발
投林有宿禽	투림유숙금

원제는 「소쇄원 시를 이어서/ 次瀟灑園韻」이다. 이는 소쇄원의 대표시인 하서 김인후 선생의 「소쇄원즉사」시를 차운한 것이다.

양관陽關 : 바로 이별의 노래라는 뜻이다. 당나라 왕유의 '서쪽으로 양관을 나서면 친구가 없다네/ 西出陽關無故人'라는 시구에서 나온 말이다. 양관은 옥문관 남쪽에 있어서 양관이라고 불렀다. 이별하는 장소라는 의미로도 쓰인다.

백설白雪 : 백설가白雪歌를 말하는 것으로, 아름다운 시문이나 또 고상하여 따라 부르기 힘든 노래를 의미한다.

김대기의 호는 만덕晩德, 본관은 광산이다. 담양에서 출생하였고 지암 양자정과 송강 정철의 제자인데, 과거에는 응시하지 않았다. 양자정의 아들 양천주와 자신의 딸을 혼인시켰다. 양자징의 두 아들인 양천경과 영천회가 사화에 연루되어 운명하자 이들의 신원을 청하는 상소문을 올리기도 하였다. 이처럼 소쇄원가와는 학연·혈연·지연으로 맺어졌다. 『소쇄원사실』에는 그의 시가 3수 실려 있으며, 문집으로 『만덕집』이 있다.

* 진경문(陳景文, 1561~1642)

한천 주인에게

맑은 물가 바위 더욱 오래되어
이미 주인의 마음 알고 있는 듯
손님 찾아오니 작약 꽃 붉어
짙은 녹음 속에 봄도 지나가네
안개 낀 소나무 일산처럼 펼쳐 있고
바람 실린 대나무 스스로 노래하네
조만간 나의 집도 옮겨서
물새와 은은하게 속삭이고 싶어라

示寒泉主人　　시한천주인

淸溪石更古	청계석경고
已覺主人心	이각주인심
客至留紅藥	객지유홍약
春歸多綠陰	춘귀다녹음
烟松猶偃盖	연송유언개
風竹自成吟	풍죽자성음
早晩移吾築	조만이오축
幽期語水禽	유기어수금

원제는 「한천 주인에게 차운을 보이다/ 次韻示寒泉主人」이다. 한천주인은 영주 양천운을 가리킨다.

홍약紅藥 : 붉은 작약이다. 주로 궁궐에 많이 심었기에 관직 생활의 흥을 가리키는 말이기도 하였다.

진경문의 호는 섬호剡湖이다. 나주 동강 출신으로, 1589년 생원시에 합격하였다. 정유재란을 당하여서 팔도에 격문을 지어 보냈으며, 의병장인 소의장 임환의 참모장으로서 의병을 지휘하여 순천의 예교성(왜성)에 진격하였다. 이때 상세한 전투 상황을 기록한 「예교진병일록曳橋進兵日錄」을 남겼는데, 그 사료적인 가치가 매우 크다. 아름다운 시를 많이 남겼는데, 호남의 서정시파 문인 가운데 한 사람이다. 문집으로 『섬호집』이 있으며, 이 문집의 목판은 국립광주박물관에 보관되어 있다.

* 백진남(白振南, 1564~1618)

소쇄원에서 우연히 짓다

십리 들판 지나 구름 낀 산골짝에 들어
산속 다리 지나니 오솔길이 끝나네
바위 옆 누대에 사람은 보이지 않고
복숭아꽃만 봄바람에 떨어지고 있구나

瀟灑園 偶題	소쇄원 우제
平郊十里水雲中	평교십리수운중
步入山橋小路窮	보입산교소로궁
巖畔有臺人不見	암반유대인불현
碧桃花落自春風	벽도화락자춘풍

짧은 시이지만 들판을 지나서 산골짜기로 들어가며 소쇄원을 찾아가는 모습이 그림처럼 그려져 있다.

평교십리平郊十里 : 현재 담양 고서면 지역으로 광주호에 이르는 넓은 들을 가리킨다. 그 곳을 지나 무등산 쪽으로 들어가면 소쇄원 지역이 나온다.

인불현人不見 : 사람이 보이지 않고, 적막한 원림의 풍경을 나타낸 것이다. 보이다는 뜻으로는 현見으로 읽는다. 옛 이름난 인물들이 보이지 않는다는 의미이다.

백진남의 호는 송호松湖, 본관은 수원 백씨로 옥봉 백광훈의 아들이다. 1590년(선조 23) 진사시에 합격하였으며 1597년 정유재란 때에는 통제사 이순신의 진중으로 피란하였다. 명나라 장군들이 그의 시를 보고 크게 찬탄하였다고 한다. 1606년 명나라 사신 주지번朱之蕃이 왔을 때에 백의白衣로써 영접하였다. 문장과 필법으로 천하에 이름을 떨친 주지번은 송호의 필적을 보고 절찬하였고, 서로 교의를 맺었다고 한다. 그의 글씨도 제법 남아 있다.

* 양천운(梁千運, 1568~1637)

죽음竹陰에게 드리다

우리 집은 어디인가, 물길의 서쪽 언덕이네
발자국은 일찍이 세상 티끌과 섞이지 않았지
서석산 맑은 가을엔 새벽 종소리 울리고
고산鼓山의 구름 걷히면 산봉우리 보이네
노송에는 쓸쓸하게 바람소리 일렁이고
비에 젖어 대나무는 아롱거리네
그 누가 생각했으랴 벗이 기억해 주어
깃대 높이 들고 외로운 마을 찾아올 것을

呈竹陰	정죽음
我家何在水西原	아가하재수서원
蹤跡不曾塵世奔	종적부증진세분
瑞石秋晴聞曉磬	서석추청문효경
鼓山雲盡見層巒	고산운진견층만
古松蕭颯生風籟	고송소삽생풍뢰
新竹淋漓帶雨痕	신죽임리대우흔
誰意故人能記念	수의고인능기념
干旌孑孑訪孤村	간정혈혈방고촌

한천 양천운은 소쇄원 외원인 한천정사에 살았다. 이 시는 그 풍경과 회포를 적어 소쇄원을 찾아 온 죽음 조희일에게 준 시이다. 당시 조희일은 승정원 승지承旨 등을 거쳐서, 광주목사에 부임하였다.

수서원水西原 : 물길의 서쪽 언덕, 여기서는 소쇄원을 말한다.

고산鼓山 : 소쇄원 뒷산이다.

간정干旌 : 깃대를 높이 들다. 벼슬하는 이가 이동함을 말한다. 죽음 조희일은 당시에 벼슬을 하고 있었기에 하는 말이었다.

고촌孤村 : 외로운 마을이란 작자가 살고 있는 소쇄원을 말한다.

양천운의 호는 영주瀛洲·한천寒泉이다. 고암 양자징의 셋째 아들로 소쇄원의 3대 주인이다. 1590년에 진사가 되었으며, 김상헌金尙憲·송이창宋爾昌 등과 함께 과거에 급제하여 서로 도의지교道義之交를 맺은 사이이다. 성혼成渾의 문인으로, 노론의 핵심 층과 교유를 함으로써, 소쇄원의 이름이 온 나라에 알려지게 되었다.

한천초당은 소쇄원 뒷산에 있었던 집이다. 양천운은 사마시를 거쳐 동몽교관 감찰, 사섬시 주부 등을 지내다가 친구인 이이첨이 폐모론을 주장하자 절교하고 돌아와 벼슬에 뜻을 버리고 이 초당을 짓고 살았다. 그가 운명하자 기정익奇挺翼이 행장을 쓰고, 이의현李宜顯이 묘지명을 지었다. 『소쇄원사실』에는 양천운의 시가 76수로 소쇄원 주인 중에서는 가장 많은 시가 실려 있다.

* 양형우(梁亨遇, 1574~1623)

양진사 영주대인에게

옛날 어진이 숨어 살던 곳이라
소쇄하여 속세의 마음 사라지네
깊숙한 시내 바위 언덕은 좁고
대숲은 무성한데 좁은 길 가파르네
옛날의 그 자취 찾으려 하다가
불현듯 슬픔 일어 시 읊는다네
앞산이 저문 줄도 미처 몰랐는데
처마 밑 새들은 이미 잠이 들었나

奉呈梁進士瀛洲大人　봉정양진사영주대인

昔賢棲隱地	석현서은지
瀟灑絶塵心	소쇄절진심
幽澗巖崖窄	유간암애착
危階竹樹陰	위계죽수음
依然尋舊跡	의연심구적
時復動悲吟	시부동비음
不覺前山暮	불각전산모
虛簷已宿禽	허첨이숙금

원제는 「양진사 영주대인에게 차운하여 봉정奉呈하다/ 次韻奉呈梁進士瀛洲大人」이다. 영주대인은 소쇄원 주인 영주 양천운을 가리킨다.

위계危階 : 높고 위태로운 계단, 섬돌. 소쇄원은 돌로 쌓은 계단이 많아서 이렇게 부른 것이다.

양형우의 호는 동애東崖이며 전북 남원 사람이다. 임진왜란 때 의병장으로 활약한 양대박梁大樸(1544~1592)의 아들이다. 그의 형 제호 양경우梁慶遇와 함께 문장으로 이름이 널리 알려졌다. 문집으로 『동애집』이 있다. 당시 소쇄원 문인들은 남원의 문인들과도 교유가 있었다.

* 고용후(高用厚, 1577~1648)

양형 한천거사에게

말 타고 동복同福에서 출발하니
좁은 하늘에 구름 기운 어두웠네
저물어 친구 집에 도착하여 보니
눈 덮인 집에 술자리 벌어졌구나

이 밤 구름 걷히고 달은 밝아
흰빛이 산원山園에 가득한데
베개 나란히 하고 잠에 드니
옛정이 더욱 더 두터워지네

贈梁兄寒泉居士	증양형한천거사
發馬蘿菖縣	발마나복현
峽天雲氣昏	협천운기혼
暝到故人宅	명도고인택
雪堂開芳樽	설당개방준
是夜霽月明	시야제월명
皓色滿山園	호색만산원
仍爲連枕宿	잉위연침숙
舊情今更敦	구정금경돈

이 시는 청사 고용후가 한천거사 양천운에게 지어준 시이다. 이어지는 다음 시구를 보면 청사는 소쇄원에서 하룻밤을 묵고 다음날 작별하였던 것으로 보인다.

아침이 되어 또다시 작별하니	朝來又分袂
차가운 햇빛이 계정에 비치네	凍日照溪亭
좋은 기약을 서로 다짐하니	佳期兩相勗
뜰의 대나무는 천 줄기 푸르러	庭竹千竿青

나복현蘿葍縣 : 나복은 동복의 옛 이름이다. 동복현은 지금의 진님 화순군 동복년이다.

고용후의 호는 청사晴沙이며 본관은 장흥이다. 광주출신이고 제봉 고경명의 아들이다. 1605년에 진사시에 합격하였고, 남원부사와 고성군수를 역임하였다. 영주 양천운, 기암 정홍명 등과 깊은 교유를 하였다. 양천운이 운명하자 고용후는 만시를 남기기도 하였다. 문집으로는 『청사집』이 있다. 전남대학교 교정의 오래된 매화나무인 용봉매(대명매)를 중국으로부터 가져왔던 인물이다.

* 정홍명(鄭弘溟, 1592~1650)

소쇄원

우연히 여러 사람 모여 앉아
하룻밤 지내면서 이야기꽃 피웠네
폭포 옆 바위에 자리를 폈다가
대숲 그늘에서 술을 나누기도
젊은이들 옛 친구인 양 어느새 친해져
모두들 이별의 슬픔 노래하네
헤어지기 아쉬워 오래 놀다 돌아서는데
뜰 앞 모래밭에 저녁 새가 내려오네

瀟灑園	소쇄원
偶然萍水會	우연평수회
一宿細論心	일숙세론심
展席臨巖瀑	전석임암폭
開尊近竹陰	개존근죽음
同爲靑眼舊	동위청안구
共作白頭吟	공작백두음
惜別遲回久	석별지회구
庭沙下夕禽	정사하석금

시의 원제는 「여러 어진 이들과 함께 앉은 자리에서 차운하여 지음/ 次韻與座上諸賢共賦」이다.

평수회萍水會 : 물에 뜬 부평초가 우연히 만난다는 평수상봉萍水相逢이란 말로, 우연한 모임이란 뜻이다. 객지에서 잠깐 만난 것을 말한다.

백두음白頭吟 : 버림받은 여인이 이별을 슬퍼하며 부르는 노래로, 보통 헤어지는 섭섭한 감정을 비유할 때 쓰는 표현이다

정홍명의 호는 기암畸菴, 본관은 연일延日로 송강 정철의 아들이다. 1616년(광해군 8) 문과에 급제하여 관직에 나아갔다. 이조정랑을 거쳐 의정부의 사인, 대사성을 역임하고, 자청해서 김제군수로 나가 선정을 베풀었다. 다시 함양군수를 지내고, 1646년 대제학이 되었으나 곧 병이 들어 귀향하였다. 30여년을 관직에 나가 여러 치적을 쌓았다. 제자백가서에도 두루 정통했으며, 고문古文이나 예학에도 밝아 김장생의 학통을 이었다고도 한다.

양천운을 이어 소쇄원의 주인이 된 양몽요는 정홍명의 문인門人으로 알려져 있다. 정홍명은 당시 17세기 무등산권 한문학을 이끌어갔던 문인으로도 알려져 있다. 그는 담양 지곡리에 계당溪堂을 지었는데, 지금까지 이어져 내려오고 있다. 문집으로 『기옹집畸翁集』·『기옹만필畸翁漫筆』 등이 있다.

* 조경망(趙景望, 1629~1694)

소쇄원 제명록

같은 마음 같은 길 함께 노니는
소쇄원 속의 소쇄한 무리들
뒷날에 참 모습을 생각하도록
다 함께 이름과 성 천추에 남겨보세

瀟灑園 題名錄	소쇄원 제명록
同心同道又同遊	동심동도우동유
瀟灑園中瀟灑流	소쇄원중소쇄류
他日相思眞面目	타일상사진면목
共留名姓見千秋	공류명성견천추

원제는 「소쇄원 제명록에 절구를 쓰다 정사년/ 瀟灑園題名錄絶句丁巳」이다. 1677년 동복현감 시절에 소쇄원을 찾아서 제명록에 쓴 시이다.

제명록題名錄 : 이름을 쓴 책이니, 요즘 말로는 방명록이다. 소쇄원은 많은 이들이 찾아갔기에, 당시에 제명록을 준비해 두어 찾은 이들이 이름을 쓰게 했다. 인재 양진태가 이 제명록을 만들어 갖추기 시작하였다. 소쇄원 제명록에 처음 쓰여진 이 조경망의 시에 차운한 사람이 양진태·박민행·정민하 등 10여 명이 넘는다. 이 제명록이 있어서 소쇄원에 왕래한 사람이 누구였는지, 또는 어떤 글을 남겼는지 알 수 있다. 따라서 제명록은 원림문학을 집대성한 원천 자료이며, 나중에 『소쇄원사실』의 기초 자료가 되기도 하였다.

천추千秋 : 천년세월이라는 뜻이다. 오래도록의 의미이다.

조경망의 호는 기와奇窩, 가림嘉林이다. 본관은 임천林川이다. 송준길의 문인으로 1677년~1679년 무렵에 동복현감을 지냈는데, 이때 소쇄원에 자주 왕래하면서 소쇄원 주인 양진태 등과 교유하였다. 그의 아들은 조정만(趙正萬, 1656~1739)으로 능주목사를 하였다. 할아버지가 죽음竹陰 조희일趙希逸로, 소쇄원의 양천운, 김상헌 등과 동방同榜의 인연이었으며, 집안끼리 오랫동안 소쇄원 가문과 깊은 세교를 하였다.

* 김창흡(金昌翕, 1653~1722)

소쇄원가

머나먼 만 리길 북방에서 돌아오니
조선팔도 유람이 이제야 끝났는가
다시금 처음부터 자세히 찾고 싶어
어찌 남쪽이라 명소가 없겠는가
바다 위 천관산은 취령鷲嶺이 솟아 있고
구름 밖 서석산엔 규봉이 우뚝 하네
꿰어진 구슬 한 송이 그 속에 붙어 있으니
대숲에는 봉황대가 단아하게 서 있구나
(이하 생략)

瀟灑園歌	소쇄원가
萬里歸來自北鄙	만리귀래자북비
八路周遊始遍矣	팔로주유시편의
更欲從頭細搜抉	갱욕종두세수결
豈無名區漏南紀	기무명구누남기
海上天冠鷲嶺湧	해상천관취령용
雲頭瑞石圭峯峙	운두서석규봉치
連珠一朶着其間	연주일타착기간
鳳樓檀欒萬竹裏	봉루단란만죽리

(이하 생략)

원제는 「소쇄원가, 죽수 고을 원님 조정이가 부에 돌아가는 걸 보내면서/ 瀟灑園歌, 送竹樹使君趙定而還府」이다. 삼연 김창흡이 1717년에 소쇄원을 방문하였는데, 능주목사였던 조정만(1656~1739)이 그곳에서 만나자고 초대하였다. 그때 삼연은 그와 헤어지면서 모두 48구의 장편 「소쇄원가」를 지었다. 그 중 첫 부분이다.

해상천관海上天冠 : 바닷가의 천관은 전라남도 장흥에 있는 천관산을 말한다.

규봉圭峯 : 무등산의 정상 근처에 있는 주상절리의 아름다운 석림으로 이루어진 봉우리이다. 규봉사가 있다.

연주일타連珠一朶 : 연주는 꿰어놓은 구슬이다. 그 아름다운 꿴 구슬 한 떨기는 소쇄원 명승지를 말한다. 무등산의 규봉 등에 이어져 아름다운 명승이 있다는 뜻이다.

김창흡의 호는 삼연三淵이다. 이에 따라 후대에 '연옹淵翁'이라고 불렀다. 숙종 때 인물로 형 김창협과 함께 성리학과 문장으로 널리 이름을 떨쳤다. 고암 양자징의 아들 영주 양천운은 김창흡의 증조부인 김상헌과 함께 선조 23년(1590) 치러진 소과에 함께 합격한 동방同榜의 인연이 있었다. 이런 연유로 두 집안은 그 이후 세교가 아주 깊었다. 김창흡은 1717년에 남도를 유람하면서 이때의 여행 기록으로 「남유일기南遊日記」를 남겼다. 여기에 따르면 당시 소쇄원을 들렀던 김창흡은 '몇 달 동안 머무르기로 약속을 하면서 소쇄원과 환벽당에서 나누어 지내기로 했다.'라고 하였다. 저서로 『삼연집』이 있다.

* 김창흡(金昌翕, 1653~1722)

소쇄원에서 한가로이 읊다

소쇄원 속의 나그네는
지금 사람이요 옛사람이 아니라네
어찌 일찍이 구름과 달이 늙으리요
대나무 소나무는 참 모습 띠고 있네
하얀 폭포는 굽이돌아 오묘하고
시냇가의 조담도 직접 만져본다네
담장에는 하서선생의 글씨 남아 있으니
무릎 꿇고 읽으며 나의 의관 가다듬네

瀟灑園謾吟　　소쇄원만음

瀟灑園中客	소쇄원중객
今人非古人	금인비고인
何曾雲月老	하증운월로
自有竹松眞	자유죽송진
練瀑盤回妙	연폭반회묘
槽潭嗽弄親	조담수롱친
墻留湛齋筆	장류담재필
跪讀整吾巾	궤독정오건

정유丁酉 1717년 소쇄원 방문 시에 지은 시이다. 삼연의 이 시는 매우 유명하여 여러 문인들이 많은 차운시를 남겼다.

소쇄원중객瀟灑園中客 : '소쇄원의 나그네는' 바로 시인 자신이다. 이 구는 김인후의 「소쇄원 48영」 중 첫 수인 「소정빙란小亭憑欄」의 첫 시구 '소쇄원중경瀟灑園中景'을 연상케 한다.

수롱친嗽弄親 : 수嗽는 양치질하다는 뜻이다. 롱弄은 가지고 놀다는 뜻으로 희롱하다, 친親은 가까이에서 직접이라는 뜻이다. 조담에 가까이 가서 물도 만지면서 노닌다는 뜻이다.

담재필湛齋筆 : 담재는 하서 김인후이다. 하서의 글씨라는 말이다. 당시 삼연의 소쇄원 기록에는 하서 선생의 「소쇄원 48영」이 담장에 쓰여 있어 희미하게나마 읽을 수 있다고 하였다.

* 박중회(朴重繪, 1654~1692)

소쇄원

소쇄옹의 은덕 오랫동안 들었는데
남긴 자취 찾으려고 이렇게 찾았다네
바람이 지나니 오히려 광풍각을 알겠고
봉은 날아갔으나 대봉대는 남아 있구나
연못에 비친 달은 옛날처럼 사람을 비추고
산꽃은 돌에 기대어 누구를 위해 피었는가
다만 시냇가에서 술 마시기 마땅하니
다시 선생을 이어 한 잔의 술 들어보네

瀟灑園	소쇄원
講服瀟翁隱德久	강복소옹은덕구
試尋遺躅此焉來	시심유탁차언래
風歸尚記光風閣	풍귀상기광풍각
鳳去猶存待鳳臺	봉거유존대봉대
池月近人如舊照	지월근인여구조
山花依石爲誰開	산화의석위수개
只宜喚取溪邊酒	지의환취계변주
更續先生擧一盃	갱속선생거일배

이 시는 을축乙丑 1685년에 지어진 시이다. 작자는 소쇄원가와 많은 교류가 있었던 시인이다. 소쇄원에 대하여 첫 번째 기문記文을 남기고 있다.

강복講服 : 갈고 닦다. 보통 성현들의 글을 읽을 때 사용하는 말이다.

환취喚取 : 가져 오다. 불러 오다는 뜻이다.

박중회의 호는 용대龍臺, 소은素隱이며, 본관은 평양이다. 현종 때 문신 양득중·임상덕 등과 교유하였으며, 문집으로는 『소은집』이 있다. 그는 방암 양경지와 함께 강진의 만덕사에서 제주로 귀양가는 우암 송시열을 찾아뵙기도 하였다. 또 양경지의 부탁으로 1692년 무렵에 「소쇄원기瀟灑園記」를 지었는데, 소쇄원의 아름다운 경치는 '소쇄'라는 이름에 부끄럽지 않다고 하였다. 이 기문은 작자의 문집에만 실려 있다.

* 조정만(趙正萬, 1656~1739)

소쇄원

명원의 연못 정자 내 마음에 꼭 들어
머나먼 변방 삼 년 꿈속에서도 찾았다네
소나무 밑 옛 담장의 보배로운 글씨를 보며
돌 사이 흐르는 물에서 거문고 소리를 듣네
무더운 여름 대 바람은 누각에 일고
눈 덮인 동짓달엔 매화가 피어난다지
오늘 그대를 만나 지난 이야기 나누니
옛 정과 그윽한 뜻이 다 함께 깊어라

瀟灑園	소쇄원
名園池榭叶吾心	명원지사협오심
絶塞三年亦夢尋	절새삼년역몽심
松下古墻看寶墨	송하고장간보묵
石間流水聽鳴琴	석간유수청명금
炎天竹立風生閣	염천죽립풍생각
至月梅開雪壓林	지월매개설압림
今日逢君話宿昔	금일봉군화숙석
故情幽意一般深	고정유의일반심

원제는 「소쇄원 양군택에게 드리다. 1725년/ 瀟灑園 贈梁君擇 乙巳」이다. 군택은 양채지의 자이다. 그러니 시에 나오는 그대를 만난다는 것은 소쇄원 양산보의 5대손인 양채지梁采之를 만난다는 뜻이다.

절새삼년絶塞三年 : 작자는 1722년(경종2)에 일어난 임인옥사로 벽동碧潼과 영변寧邊으로 유배되었다. 그 기간을 말한다. 그 후 능주목사를 하다가 수원부사로 잠시 나아가기도 하였다.

조정만의 호는 오재寤齋이며 본관은 임천林川이다. 조경망의 아들로 능주목사를 하였다. 또 일찍이 고암 양자징의 「묘갈명」을 지은 죽음竹陰 조희일의 증손자이다. 조정만은 여러 지방관을 거쳐 호조참판 등을 하기도 하였으며, 문학으로 이름이 높았다. 송시열의 문인이었기 때문에 같이 문하에서 수학했던 양진태, 양경지 등 소쇄원 집안과 아주 가까운 세교를 맺고 있었다. 그리고 삼연 김창흡, 농암 김창협 형제들과도 특별히 친했다.

* 양진태(梁晉泰, 1649~1714)

소쇄원 1

원의 이름을 소쇄라 하니
담장의 시들이 다시금 빛나네
참된 근원 오곡이 남아 있어
오히려 행단 길 볼 수 있다네

瀟灑園　　　　소쇄원

園額偏瀟灑　　　원액편소쇄
墻詩更璨然　　　장시갱찬연
眞源餘五曲　　　진원여오곡
猶見杏壇穿　　　유견행단천

원제는 「소쇄원, 제봉의 시 두 수를 차운하다/ 瀟灑園 次霽峯韻二首」의 첫 수이다. 제봉 고경명의 시를 차운한 것이다.

진원眞源 : 참된 근원, 도道를 가리키는 말이다. 흔히 붉은 복숭아꽃이 만발하였던 무릉도원의 고사를 인용하여 말하기도 한다. 소쇄원에도 복숭아꽃이 만발하였다.

행단杏壇 : 공자의 학당에 있던 살구나무 단이다. 공자는 늘 행단 위에서 앉아 쉬고 거문고를 타고 있었다는 『장자』에 나오는 글이 있다. 그후 후손들에 의하여 중국 산동성 곡부에 살구나무 행단을 조성하기 시작하였다. 아마 인재 양진태는 소쇄원을 크게 복원하였으므로, 이 무렵 소쇄원도 행단을 만들었던 것 같다.

양진태의 호는 인재忍齋이다. 양산보의 4대손으로 소쇄원에서 그의 가계는 양산보-양자홍-양천운-양몽요-양진태로 이어진다. 그는 불후의 저작인 『소쇄원사실』의 편찬을 위하여 많은 자료를 모았다. 아울러 족보 발간을 비롯하여 문중의 현창사업에 힘을 기울였다. 그의 일생은 소쇄원의 복원과 현창에 대부분의 시간을 쏟았다. 많은 작품이 있었는데 소실되었고, 현재는 『소쇄원사실』에 그의 한시 작품이 47수, 그 밖의 문집에 10여 수가 조금 넘게 남아 있다.

* 양진태(梁晉泰, 1649~1714)

소쇄원 2

옛 원림에 전하는 소쇄한 기운은
세상을 초월한 마음에서 왔다네
맑은 샘물은 만물을 윤택하게 하였고
아름다운 나무는 그늘 이루어 좋다네
누추한 집이지만 안자의 즐거움을 찾고
풍우風雩의 일은 증점曾點과 같이 하였네
높이 날 듯한 누대 그 뜻은
옥玉 나무 가지 봉황을 기다렸는가

瀟灑園 소쇄원

舊業傳瀟灑 구업전소쇄
超然世外心 초연세외심
淸泉宜澤物 청천의택물
佳木好成陰 가목호성음
陋巷尋顔樂 누항심안락
風雩與點吟 풍우여점음
翺翔臺上意 고상대상의
應待璟枝禽 응대경지금

이 시의 원제는 「하서선생의 시를 삼가 차운하여/ 敬次河西先生韻」이다. 하서 김인후의 「소쇄정즉사瀟灑亭卽事」시에 차운한 것이다. 이 하서의 시는 후대 많은 문인들이 차운하였던 소쇄원의 중요 한시이다.

안락顔樂 : 공자의 수제자 안회顔回의 즐거움이다. 청빈한 즐거움을 말한다. 안회顔回는 안자顔子로 높여 부른다.

점음點吟 : 공자가 제자들에게 각자 하고 싶은 일을 말하라고 하니, 증점曾點이 욕기풍우浴沂風雩의 뜻을 말하였다. 기수에 가 목욕하고 무우에서 바람을 쐬고 싶다고 한 것이다. 증점과 같이 하였다는 것은 천지자연의 도와 합치하여 호연浩然한 기상이 흘러넘쳤다는 뜻이다.

* 양진태(梁晉泰, 1649~1714)

애일가

해 가운데 자애로운 까마귀야 내 말 들어 보렴
너는 새이지만 새 중에는 증삼이야
내게는 북당에 늙은 부모 계시니
원컨대 아침햇살 하늘에서 비춰주기를

愛日歌	애일가
日裏慈烏聽我說	일리자오청아설
爾禽曾是烏中參	이금증시오중삼
我有高堂雙鶴髮	아유고당쌍학발
願將朝彩照天心	원장조채조천심

시의 원제는 「소쇄고조부의 애일가사를 삼가 번역하여 일가에게 보여 경계하다/ 謹翻瀟灑高祖愛日歌辭, 警示一家人」이다. 이는 시조로 전해오던 애일 가사를 한시 형태로 번역한 것이다. 애일가는 태양을 사랑하는 노래이다. 태양 속에는 까마귀가 살고 있다고 생각했으므로 첫 구절에서 해 가운데 까마귀라고 하였다. 『소쇄원사실』에는 또 그 시조 작품에 대하여 다음처럼 설명이 되어 있다.

그 노래는 '해 가운데 까마귀야 날아가지 말고 내 말을 들어보아라. 너는 비록 그러하나 새 가운데 증삼이로다. 나에게는 북당에 학발이 계시니, 오래도록 중천에 있기를' 이다.

其歌曰,
日中烏兮　勿去而聆我語
爾卽雖然　而烏中之曾參也
鶴髮在北堂　長在中天 云云

이 무렵까지 시조 작품으로 된 이 애일가사가 전해지고 있었음을 알려준다. 아울러 소쇄옹 양산보는 한시뿐만 아니라 시조 작품도 지었음을 알려주는 자료이다. 증삼曾參은 공자의 제자, 효자로 유명한 사람이다.

* 양진태(梁晉泰, 1649~1714)

소쇄원도

그대가 옛 원림의 그림을 찾으니
지금의 원림은 그림과 같지 않다네
석담石潭에 띄운 꽃은 물결에 맴돌고
안개 낀 버드나무에는 주기酒旗가 펄럭이네

瀟灑園圖	소쇄원도
爾索先園畵	이색선원화
玆園畵不如	자원화불여
石潭花浪急	석담화랑급
烟柳酒旗舒	연류주기서

원제는 「「소쇄원도」를 기암 배경회 대우에게 보이며/ 以瀟灑園圖, 示機巖裵慶會大遇」이다. 같은 제목의 세 수 가운데 첫 번째 시이다. 그 무렵 이미 「소쇄원도」가 있었음을 알려주는 기록이다. 1672년에는 배대우가 이 양진태의 시를 차운하여 「소쇄원도」시를 짓기도 하였다. 1755년에 『소쇄원사실』을 간행할 때 이 책의 뒷부분에 「소쇄원도」를 넣었다. 이 책은 소쇄원 절등재絶等齋에서 목판으로 제작이 되었는데, 그 목판은 근래에 잃어버렸고 책에 실려 있는 「소쇄원도」가 알려져 있다.

석담石潭 : 조담槽潭, 계곡에 돌이 움푹 들어가 웅덩이를 이룬 부분이다.

연류烟柳 : 연류란 버드나무에 낀 연기라는 말이다.

주기酒旗 : 술집 깃발이다. 소쇄원 앞마을 어느 집 버드나무에 주기가 달려있다는 뜻인 듯하다. 초기 「소쇄원도」에는 그런 모습이 그려져 있었던 것 같다. 또한 주기는 별 이름으로 유성柳星 곁에서 빛난다고도 한다. 그래서 소쇄원 버드나무 위에서 '주기성'이 빛난다는 뜻일지도 모르겠다.

* 양진태(梁晉泰, 1649~1714)

열수 가운데 여섯 번째 시

소쇄공 유적 십도

오리를 보고 집터를 잡다

천 년 동안 아끼고 감춰놓은 땅
등나무 덩굴과 많은 나무 그늘진 곳
계곡의 신령이 알려주려 했는지
짐짓 한 쌍의 오리를 보내주었나

瀟灑公遺蹟十圖	소쇄공유적십도
相鳧占宅	상부점택
慳秘千年地	간비천년지
藤蘿萬木陰	등라만목음
溪神如有報	계신여유보
故遣一雙禽	고견일쌍금

작자는 「소쇄공유적십도/ 瀟灑公遺蹟十圖」라고 하여 소쇄공의 남은 발자취를 열 가지 그림으로 그리려고 하였다. 이는 매우 중요한 일인데, 그 밖의 기록이 잘 보이지 않아서, 그 그림이 완성되었는지 분명하지 않다. 그리고 이에 대하여 유적십도라고 하여 각각 시를 지었다. 이는 '가정에서 학문을 배우다/ 家庭承學'부터 '불타려는 선산에 비를 내리다/ 先壟救焚'까지 열 가지이다.

또 작자는 「고암공유적십도/ 鼓巖公遺蹟十圖」도 만들려 하였고, 이에 열 수의 시를 짓기도 하였다. 열 가지 삽화에 따른 열 수의 시를 지은 것이다. 『소쇄원사실』에는 이 20수 시의 마지막에 다음처럼 기록되어 있다.

'소쇄공과 고암공 두 분의 열 가지 행적을 열 가지 그림으로 그리고자 하여, 그림 위에 시를 얻으려 하였다. 김농암·삼연·석량정 삼형제 세 사문斯文에 읊조려 드린다/ 兩世十蹟, 擬作十圖, 要得試筆于圖上. 吟呈金農巖·三淵·夕凉亭 仲叔季 三斯文'

석량의 그림과 벽계蘗溪의 시에　　夕凉之畫蘗溪詩
겸하여 농암의 기이한 필법　　兼要農巖筆法奇
만약 삼절을 세 사람에게 얻는다면　　三絶倘從三子得
참으로 영원한 가문의 보물로 전하리　　珎藏永作世傳資

여기에서 농암農巖은 김창협金昌協, 삼연三淵은 김창흡金昌翕, 석량정은 김창업金昌業 삼형제이다. 또 시 가운데 벽계蘗溪는 오늘날 경기도 양평군의 벽계구곡 인근을 가리키는데, 여기서는 이곳에 은거했던 삼연 김창흡을 가리킨다.

* 양진태(梁晉泰, 1649~1714)

소쇄원 4경 중 제1경

겨울 골짜기의 얼음 기둥

높은 홈 대의 물이 얼어서
층층마다 고드름 장대처럼 서 있네
아마도 신선이 밤에 내려왔다 갔는지
선경仙境이 맑은 하늘에 솟아나 있네

冬壑氷標　　동학빙표

危筧凝成凍　　위견응성동
層氷矗建標　　층빙촉건표
眞君應夜降　　진군응야강
玉局湧淸霄　　옥국용청소

시에는 '소쇄원 사경, 48영에 이미 소쇄원의 풍물이 그려져 있지만 이 4경도 특이하여 삼가 4수를 짓다./ 瀟灑園四景, 四十八詠已畫瀟灑物事, 而但此四景亦一奇勝, 故謹作四詠.' 라는 주가 붙어 있다. 이를 인재의 '소쇄원 4경'이라고 명명할 만하다. 중요한 시이므로, 네 수를 모두 이어서 싣는다.

옥국玉局 : 중국 송나라의 유명한 도관道觀이지만, 여기서는 소쇄원을 가리킨다.

소쇄원 4경 중 제2경

밤 베개에 들리는 물소리

손님은 막 잠자리에 들고
샘물 흐르는 소리는 더욱 맑네
어렴풋이 깊숙한 꿈결에서는
비오는 소리인가 의심하였네

夜枕泉響　　야침천향

宿客眠初定　　숙객면초정
鳴泉響益淸　　명천향익청
依微幽夢裏　　의미유몽리
疑却雨新聲　　의각우신성

밤 베개[夜枕]에 들리는 물소리[泉響]는 광풍각 잠자리에서 들리는 물소리를 말한다. 손님들은 보통 광풍각에서 잠을 자곤 하였다. 그 물소리는 저녁 내내 끊임없이 들렸을 것이다.

소쇄원 4경 중 제3경

비온 뒤 바위에 넘치는 물

돌에 부딪치는 그 소리 웅장하고
공중에 흩날리는 눈발처럼 굉장하네
알겠구나 만 골짜기에 비가 내려서
한 정자 휘감는 소리 드높은 것을

雨後巖漲	우후암창
激石雷聲壯	격석뇌성장
翻空雪勢豪	번공설세호
偏知萬壑雨	편지만학우
轉作一亭高	전작일정고

소쇄원 4경 가운데 세 수가 모두 물소리와 폭포 등을 그린 시이다. 소쇄원의 가장 중심 지역의 경치이다. 특히 비가 내린 뒤에는 누정을 휘감고 흘러내리는 물소리가 장관이었을 것이다.

소쇄원 4경 중 제4경

달 아래 소나무 그림자

백 척의 소나무 그림자 부서지는
삼경三更에는 달빛도 영롱하네
솔가지 무성한 밤 맑은 경치는
마치 그림 속에 있는 것 같아

月下松陰	월하송음
百尺松陰碎	백척송음쇄
三更月影瓏	삼경월영롱
扶疏淸夜景	부소청야경
如在畵圖中	여재화도중

「소쇄원도」에는 계곡 근처에 소나무들이 그려져 있다. 이 시를 보면 흐르는 물줄기 근처에 높은 소나무가 있었다. 달빛이 비치는 밤의 경치가 마치 그림 같았음을 보여주는 시이다.

* 양진태(梁晉泰, 1649~1714)

소쇄원

홀로 즐기면서 세상을 잊지 않으려
평천을 부질없이 경영하였는지
소쇄원의 경치는 어떠한가
물에다 짝 맞추어 이름을 지었는데

瀟灑園	소쇄원
獨樂非忘世	독락비망세
平泉謾有營	평천만유영
何如瀟灑境	하여소쇄경
媲水以成名	비수이성명

이 시의 주에는 '우암 선생이 직접 쓴 글자가 있는데 폭포수 물 뒤 바위 남쪽에 새겨져 있다/ 有尤菴先生手筆, 後刻于瀑流巖南'라고 되어 있다. 시에 나오는 평천平泉은 평천장平泉莊으로 당나라 이덕유의 별장이었는데, 흔히 원림이라는 뜻으로도 쓰인다.

작자 인재 양진태는 「소쇄원 30영」을 지었는데, 현재 그 가운데 6영만이 『소쇄원사실』에 실려 있다. 이 「소쇄원」시를 비롯하여 「제월당霽月堂」, 「광풍각光風閣(침계방枕溪房)」, 「애양단愛陽壇」, 「대봉대待鳳臺」, 「오곡문五曲門」 등이다.

* 양경지(梁敬之, 1662~1734)

매화를 읊다

소쇄원에 매화나무는 몇 그루인가
붉은 꽃 흰 꽃 모두가 맘에 들어
달빛 가득한 언덕 맑은 정신 솟아나고
황혼의 색은 참으로 아름다워라
내 마음을 너에게 말하노니
격의 없는 형으로서 친하게 모시리
나날이 이끼 낀 오솔길 위에
향기로운 바람은 두건에 가득하네

詠梅	영매
瀟灑梅幾樹	소쇄매기수
紅白摠宜人	홍백총의인
月塢精神王	월오정신왕
黃昏色態眞	황혼색태진
心期從爾話	심기종이화
契分以兄親	계분이형친
日日苔蹊裏	일일태혜리
香風自滿巾	향풍자만건

원제는 「삼연의 시에 차운하여 매화를 읊다/ 次三淵韻詠梅」이다. 이는 삼연의 「소쇄원만음/ 瀟灑園謾吟」시의 운자를 차운한 시이다. 후대의 여러 시인들이 이 시를 차운하였다.

이형以兄 : 형으로서, 매화는 매형梅兄이라고 불렀다. 송나라 황정견의 시에 '산반은 아우요 매화는 형이네/ 山礬是弟梅是兄'라는 데서 비롯되었다. 산반은 운향이라고 하는 나무이다.

양경지의 호는 방암方菴이다. 양산보의 후손(양자징-양천운-양몽요-양진수-양경지)으로, 소쇄원에서 태어났고, 중부인 양진태에게서 수학하였다. 35세(1696년)에 진사시에 합격하였으며, 중부와 함께 문명으로 이름을 날리면서 소쇄원 중흥에 큰 역할을 하였다. 문집으로 『방암유고』가 있으며, 시가 850여 수나 된다. 소쇄원 관련 시는 50여 수 있는데, 그 중 「소쇄원 30영」이 실려 있어서 소쇄원 연구에 매우 중요한 작품이다.

* 양경지(梁敬之, 1662~1734)

소쇄계곡에서 발을 씻고

바위 물은 담장 뚫고 유유히 흐르는데
원園의 나무는 무성하고 그윽해
우뚝하게 솟아있는 반타석 위에
맑은 물결 구비 돌며 흘러 내리네
시원하게 묵은 때를 씻어 내리니
가을의 한 자락을 밟는 것 같아
만 리 길도 여기서부터 시작하나니
넘실넘실 쉬지 않고 흘러가겠지

濯足瀟灑溪　　탁족소쇄계

巖泉透墻出　　암천투장출
園樹蔭而幽　　원수음이유
傲凡盤陀石　　오범반타석
沿洄蕩漾流　　연회탕양류
翛然清舊染　　소연청구염
怳若踏高秋　　황약답고추
萬里從玆始　　만리종자시
滔滔去不休　　도도거불휴

원제는 「소쇄계곡에서 발을 씻고 주자의 「탁족만리류濯足萬里流」 시에 차운하여/ 濯足瀟灑溪, 次朱夫子「濯足萬里流」韻」이다.

투장출透墻出 : 오곡문 옆 담장 밑으로 흐르는 물을 말한다. 김인후의 「소쇄원 48영」 중에도 「담장 아래로 흐르는 물/ 원규투류垣竅透流」이 있다.

반타석盤陀石 : 넓고 평평한 큰 바위를 말한다.

탕양뉴蕩漾流 : 밝은 물결이 일렁이며 흐르는 모습이다.

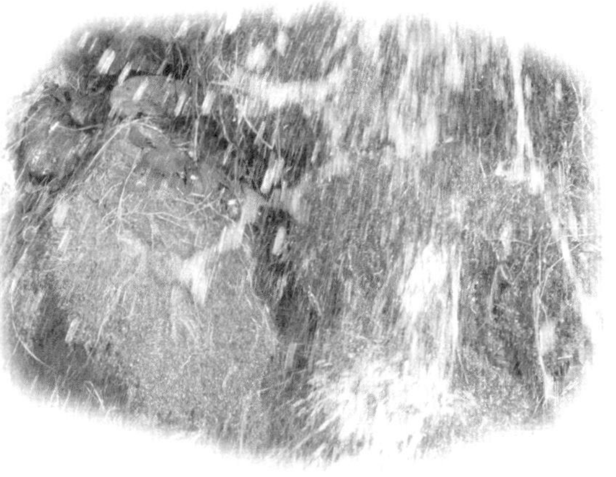

* 양경지(梁敬之, 1662~1734)

소쇄원 30영 중 제1영

지석리

큰 바위가 뾰족하기도 둥글기도
모두 조화옹의 생각이겠지
하늘을 떠받치니 태양을 닮은 듯
나는 너희들과 함께하리라

支石里	지석리
危石支還立	위석지환립
都由造化機	도유조화기
擎天如有日	경천여유일
吾與爾同歸	오여이동귀

「소쇄원 30영」은 양경지가 작은 아버지 양진태의 시에 차운한 것으로, 원제가 「삼가 중부 '가산삼십영'시를 차운하여 / 謹次仲父家山三十詠」이다. 필자는 이 작품에 대하여 「소쇄원 30영」이라고 바꾸어 부르고 있다. 1696년에 지어진 이 작품 30수는 소쇄원이 자리하고 있는 골짜기 전체의 경관을 거시적으로 읊고 있다. 여기서 지석리는 소쇄원 근처로 지곡리의 동쪽 마을이다. 지석이라는 이름에서 고인돌이 있었다고 여겨진다.

지환립支還立 : 뾰족하기도 하고 둥글기도 하니. 지는 뾰족한 것을 립은 둥근 것을 가리키는 수사이다.

조화기造化機 : 조화는 우주만물을 만들고 다스리는 신, 또는 그 이치이고, 기는 계책, 생각 등이다.

소쇄원 30영 중 제2영

창암동

우뚝 솟은 건 태양을 떠받친 듯하고
빙 두른 건 북극성에 읍하는 듯하네
산에 사는 사람을 누가 검소하다고 하는가
옥빛 둘러서 병풍을 치고 있는데

蒼巖洞	창암동
矗立如擎日	촉립여경일
回環似拱星	회환사공성
山人孰云儉	산인숙운검
翠色列成屛	취색열성병

소쇄원 본가本家가 있었던 곳으로 「소쇄원도」에는 창암촌蒼巖村으로 표기되어 있다. 지금 소쇄원으로 가는 길 왼편 낮은 언덕 마을이 창암촌이었다. 소쇄원의 광범위한 복원에 필요한 마을이다. 창암은 양산보의 아버지 양사원梁泗源의 호이다.

촉립矗立 : 높이 솟음, 우뚝 솟음이다. 촉은 가지런하다, 곧다, 우거지다는 뜻으로 촉석矗石이란 말도 자주 쓰인다.

공성拱星 : 공拱 두 손 맞잡다. 껴안다. 북극성이 제자리에 있으면 뭇 별이 그 곳을 중심으로 회전한다. 의미를 넓혀 임금이 제자리에 있으면 백성이 그를 높이 받든다는 뜻으로 쓰인다. 『논어』 위정편에 나오는 말이다.

소쇄원 30영 중 제3영

소쇄원

속세를 떠나 멀리 숨어든 날
누정과 연못 만들었다네
물과 돌이 몹시 맑고 깨끗하니
이제 알았네 이름 어긋나지 않음을

瀟灑園	소쇄원
超然遐遯日	초연하둔일
亭沼此經營	정소차경영
水石偏瀟灑	수석편소쇄
方知不爽名	방지불상명

창암 마을을 지나서 본격적으로 소쇄원으로 들어가게 된다. 작자는 소쇄원 전체를 읊은 시를 남겼다. 앞서 들었던 인재 양진태의 「소쇄원」 시와 같은 운자를 사용하였다.

하둔일遐遯日 : 하遐는 멀리라는 뜻이다. 둔遯은 달아나다, 물러나다. 속세를 떠나 멀리 은둔한 날이라는 뜻이다.

경영經營 : 경영은 계획하여 건조建造함, 계획하여 운영함을 말한다. 『시경』에 처음 나오는 말로, 경經은 식물의 날줄이다. 설계하다는 뜻으로도 쓰인다.

소쇄원 30영 중 제4영

제월당

마음이 깨끗한 세계를 보려고 하면
마땅히 물가 집에 앉아야만 하지
하나 같이 푸른 하늘의 달이라지만
비갠 뒤의 달빛은 더욱 아름다워

霽月堂	제월당
欲觀虛白界	욕관허백계
須坐澗邊堂	수좌간변당
一樣靑天月	일양청천월
偏憐霽後光	편련제후광

제월은 비가 갠 후의 밝은 달이다. 광풍제월이란 인품이 고상하고 도량이 넓음을 비유한다.

욕관欲觀 : 욕관의 관觀은 자세히 보고 생각하는 것이다. 성글게 생각하는 것[粗思]을 각覺이라고 한다.

허백虛白 : 마음이 깨끗하여 욕심이 없음을 이르는 말이다. 희고 깨끗하다.

소쇄원 30영 중 제5영

광풍각

언제나 골짜기엔 산들바람 불어와
시원함이 누정에 가득하다네
옷깃 헤치고 물가 난간에 서 보니
지위나 명성이란 헛된 것 같아

光風閣	광풍각
習習常吹壑	습습상취학
冷冷更滿樓	냉랭갱만루
披襟當水檻	피금당수함
身世却疑浮	신세각의부

소쇄원 계곡 중앙에 있는 광풍각에 대하여 지은 시이다. 광풍光風은 맑게 부는 바람이다. 광풍각은 손님을 맞이하기 위한 공간이었다.

습습習習 : 습習은 나는 모양, 날개 짓 하는 모양이다. 습습은 나는 모양, 솔솔 미풍이 온화하게 부는 모양이다.

피금披襟 : 가슴을 열고. 헤칠 피, 열 피披, 옷깃 금襟은 가슴, 마음이란 뜻이다.

소쇄원 30영 중 제6영

애양단

바윗가 물에서 머리를 감고
단 위에서 따뜻하게 머리 말리네
상서로운 빛 아니 비친 곳 없으니
또한 산문에까지도 이르렀구나

愛陽壇	애양단
濯髮巖頭水	탁발암두수
晞之壇上暄	희지단상훤
瑞光無不燭	서광무불촉
亦自到山門	역자도산문

애양단은 소쇄원 대봉대 위쪽에 있는 작은 단이다. 애양은 햇볕을 사랑한다는 뜻이다.

탁발濯髮 : 머리를 감는다는 뜻이다. 탁濯은 씻다, 씻어 없애다. 보통 탁족濯足으로 많이 써 세상에 나가지 않음을 비유하기도 한다. 반대로 갓끈을 씻는다는 탁영濯纓은 벼슬에 나아감을 의미한다.

대봉대

대 앞엔 대나무 열매가 많고
대 위엔 오동나무 그늘 드리웠네
천년 세월 대는 그대로 건만
봉황새는 어느 때나 날아오려는지

待鳳臺	대봉대
臺前多竹實	대전다죽실
臺上散梧陰	대상산오음
千載臺猶在	천재대유재
何時下彩禽	하시하채금

소쇄원에 있는 대봉대를 읊은 시이다. 봉황을 기다린다는 대봉待鳳은 현인이나 태평세월을 기다린다는 뜻으로도 쓰인다. 「소쇄원도」에는 대봉대 근처에 소정小亭이란 표시가 있다. 때로는 초정草亭이란 말도 있지만, 기록이 부족하여 서로 관련성이 명확하지는 않다.

하채금下彩禽 : 하는 내려오다. 채금은 봉황새이다. 봉황새가 날아온다는 뜻이다.

소쇄원 30영 중 제8영

오곡문

물가 해오라기 서너 번 헤엄치는데
오곡문 용은 몇 번이나 여울졌던가
봄바람에 꽃잎이 물결에 가득하니
신선이 사는 곳 가릴 수 없구나

五曲門	오곡문
鷺渚加三水	노저가삼수
龍門少幾灘	용문소기탄
東風花滿浪	동풍화만랑
不遣鎖仙壇	불견쇄선단

오곡문은 소쇄원에서 밖으로 나가는 쪽 담장에 있던 문이다. 「소쇄원도」에 그려진 것처럼, 오곡문 아래 물줄기는 다섯 번 이상 굽이져서, 그래서 오곡五曲이라고 이름 붙였을 것이다. 그런데 오곡이란 말을 사용하였기에, 주자의 '무이구곡'과 비교하여 소쇄원에도 구곡九曲을 설정하지 않았을까 추측하기도 한다.

용문龍門 : 오곡문의 용문일 것이다. 오곡문 아래 계곡물이 흐르는 부분을 용문이라고 하였다.

선단仙壇 : 신선이 사는 곳. 여기서는 소쇄원을 가리킨다.

척령애

오래도록 기러기 무리에서 떨어져
할미새의 언덕을 매우 사랑했네
비탈 위 새집을 부수지 마소
구슬을 물어다가 은혜를 갚으리니

鶺鴒崖	척령애
久離鴻雁序	구리홍안서
偏愛鶺鴒原	편애척령원
莫遣崖巢破	막견애소파
啣環當報恩	함환당보은

척령은 물새로 할미새이다. 척령애는 소쇄원 제월당 건너편 동쪽에 있는 언덕이다. 그 위 봉우리를 할미봉이라고 하였다. 척령원鶺鴒原은 『시경』에 나오는 '척령재원鶺鴒在原'으로 형제간의 우애를 비유하는 말이다.

홍안鴻雁 : 큰기러기와 작은 기러기를 아울러 이르는 말로, 형제를 뜻하기도 한다. 형제가 외출을 하면 동생이 형의 뒤를 따르는 데서 유래하였다.

함환啣環 : 구슬을 물어다가라는 말이다. 재갈 함銜, 머금을 함, 마음에 품다는 뜻이다. 은혜에 보답하는 것을 비유적으로 쓰는 말로 함환결초啣環結草라고도 한다.

소쇄원 30영 중 제10영

독목교

어슴푸레 천태天台의 길로 들어서니
마치 은하수 같은 계곡에 임한 듯
석양에 스님이 건너려 하는데
지팡이가 다시금 비틀거린다

獨木橋	독목교
怳入天台路	황입천태로
如臨銀浦干	여림은포간
斜陽僧欲度	사양승욕도
柱杖更蹣跚	주장갱산산

독목교는 글자 그대로 외나무 다리이다. 대봉대를 지나서 오곡문으로 가기 위해 근처 물을 건너는 다리이다. 「소쇄원도」에는 약작略彴이라고 표시되어 있다.

천태로天台路 : 신선이 가는 길. 천태天台는 산 이름으로 신선이 사는 땅이라는 뜻으로 쓰인다.

은포銀浦 : 은하수이다. 운한雲漢, 천하天河 등으로도 쓴다.

산산蹣跚 ; 산은 비틀거릴 산跚으로 산산은 절뚝거리는 모습이다.

소쇄원 30영 중 제11영

자죽총

자옥 빛 대나무 외로운 돌에 서려 있어
옮겨 심으니 시골 늙은이 호사롭다
다만 근심할 손, 괴이한 것이 있어
칡 언덕에서 뛰어오르지 않을런지

紫竹叢	자죽총
紫玉蟠孤石	자옥반고석
携來侈野翁	휴래치야옹
只愁有神怪	지수유신괴
騰躍葛陂中	등약갈피중

자죽은 대의 일종으로 오죽烏竹, 흑죽黑竹이라고도 한다. 줄기가 검은 색 대나무이며 악기나 지팡이 등을 만든다. 자옥紫玉, 자주 빛 옥으로 자주 빛 대나무를 뜻하기도 한다.

등약騰躍 : 오를 등騰, 뛸 약躍으로 뛰어 오르다. 대 뿌리가 솟아남을 뜻한다.

갈피중葛陂中 : 칡넝쿨 우거진 언덕 비탈에서, 시에서는 칡 언덕 비탈에 가끔 대나무가 솟아남을 말한다.

소쇄원 30영 중 제12영

부훤당

고조 뻘 되신 지암 어른이
푸른 산 곁에 집을 엮었다네
충과 효는 본디 가정의 학문
늘 태양처럼 품고 사랑하리

負暄堂	부훤당
支巖高祖行	지암고조항
結屋碧山傍	결옥벽산방
忠孝元家學	충효원가학
常懷愛太陽	상회애태양

16세기 후반에 고암 양자징의 거처였던 고암정사와 지암 양자정의 거처였던 부훤당이 나란하게 지어져 있었다. 양자정은 방암 양경지의 고조할아버지이다. 부훤당은 1574년에 건립되었는데, 정유재란 때 이들 건물이 다 소실되어 오래도록 복원되지 못하고 있다.

부훤負暄 : 임금에 대한 충성을 나타내는 말이다. 춘추전국시대 송나라의 농부가 따뜻한 햇볕을 임금에게 바치려고 하였다는 고사에서 유래되었다.

소쇄원 30영 중 제13영

한천사

명승지에 작은 집을 지어
온통 민옹의 발자취를 따르네
경전의 뜻, 깊은 맛을 자아내니
함양하는 가운데 다 드러낼 뿐

寒泉舍	한천사
名區開小築	명구개소축
勝躅繼閩翁	승촉계민옹
經訓深長味	경훈심장미
都輸涵泳中	도수함영중

이 시의 한천사는 인재 양진태가 지은 한천정사를 말한다. 그가 벼슬을 그만 두고 소쇄원으로 들어와서, 소쇄원 외원에 지었다. 주자의 한천정사에서 유래하여 이름을 붙인 것으로 여겨진다.

승탁勝躅 : 자취를 이어 받다. 촉躅은 머뭇거릴 촉인데, 자취, 행적 등을 말할 때는 자취 탁으로 읽었다.

민옹閩翁 : 민閩은 복건성이다. 민옹은 복건성 무이武夷에 살았던 주자, 즉 주희이다.

소쇄원 30영 중 제14영

죽림사

서당은 중년에 허물어지고
대나무 그늘만 푸르게 남아 있어
바람이 천 가닥 대나무를 움직이니
마치 거문고 소리 듣는 듯해라

竹林寺	죽림사
書堂中廢壞	서당중폐괴
獨有竹陰淸	독유죽음청
風動千竿玉	풍동천간옥
如聞絃誦聲	여문현송성

죽림사는 소쇄원 동북쪽 서당골에 있었던 건물이다. 고려시대의 절터였는데, 그 자리에 서당을 지어 죽림서당, 죽림재竹林齋, 절등재絶等齋 등으로 부르던 곳이다. 그런데 그 서당도 17세기 후반에는 이미 허물어졌음을 알려주고 있다. 그 대신 시원한 대 그늘만 남아 있어, 바람 불 때마다 마치 거문고 소리를 듣는다고 하였다. 여기에서 주로 인쇄가 이루어지기도 하였다.

천간옥千竿玉 : 천 가닥 대나무

현송絃誦 : 거문고 소리. 대숲에서 바람이 일 때 대가 부딪쳐 나는 소리를 가리킨다. 그런데 현송은 글 읽는 소리라는 뜻으로도 쓴다.

소쇄원 30영 중 제15영

후간장

덕은 활쏘기에서 보는 법이니
손님을 맞아서는 원래 후를 건다네
평소에는 과녁을 매달지 않으니
늘 문장의 부드러움을 숭상한다네

帿竿場　　　후간장

觀德必於射　　　관덕필어사
享賓元用帿　　　향빈원용후
平無貫革專　　　평무관혁전
時是尙文柔　　　시시상문유

후帿는 과녁, 간竿은 장대라는 말이다. 과녁을 걸어 두고 활을 쏘는 것을 가리킨다. 대봉대 부근 소쇄원 담장 바깥쪽에 있었던 것으로 여겨진다. 그러나 소쇄원에서 활쏘기 하는 이야기는 거의 전하지 않는다.

관덕觀德 : 덕행을 관찰한다는 뜻으로 활쏘기를 달리 부르는 말이다. 활쏘기는 나가고 물러나는 예를 잘 지켜야만 하였다. 그런 모습에서 덕행을 잘 알 수 있다고 하였다. 활터 중에는 '관덕정'이라는 이름이 많이 남아 있다.

관혁貫革 : 활을 쏘아서 갑옷을 뚫음을 말한다. 과녁의 원래 말이다.

소쇄원 30영 중 제16영

산리동

이것이 교리해구나
처음에 요해단에서 건너왔다는
먼지 뒤덮인 척박한 땅에서 나와
신선의 맛으로 시큼하게 변했는가

酸梨洞	산리동
認是交梨核	인시교리해
初從瑤海湍	초종요해단
由來塵土薄	유래진토박
仙味偏成酸	선미편성산

산리는 신 배. 산리동은 신 배가 나오는 동네, 곧 신선의 동네라는 뜻이다. 소쇄원 뒷산의 세 골짜기 가운데 하나이다. 그런 이름이 우리나라에 여러 군데 있다.

교리해交梨核 : 교리해는 신선이 먹는다는 선약仙藥의 이름이다.

요해단瑤海湍 : 요해는 달이 밝은 밤하늘을 아름답게 부르는 말이다. 서왕모가 살았다는 요지瑤池를 말한다. 단湍은 물살이 빨리 여울지다. 급하게 흐르는 물이다.

소쇄원 30영 중 제17영

석구천

돌이 패어 말[斗]만 한 구덩이에
가느다란 샘 흘러 맑은 물 가득 찼구나
그 깨끗한 물을 길어다가
한바탕 비녀와 갓끈을 씻었으면

石臼泉　　석구천

石坎纔容斗　　석감재용두
微泉滴滿泓　　미천적만홍
欲將淸瀅水　　욕장청형수
一爲洗簪纓　　일위세잠영

석구는 돌로 된 절구. 석구천은 돌절구 샘, 돌확 샘이다. 석구천은 고암동의 동쪽에 있는 샘으로 약수로 유명하였다. 이 물을 마시면 장수한다고 하였다.

만홍滿泓 : 홍泓은 물이 맑고 깊은 모양이다. 만홍은 가득 차고 맑다는 뜻이다.

청형淸瀅 : 깨끗하고 맑은 물줄기

잠영簪纓 : 관에 꽂는 비녀와 갓끈, 벼슬에 나아가 귀하게 됨을 말한다.

소쇄원 30영 중 제18영

장목등

낙락장송은 겨울의 푸른빛 머금고
높은 봉우리는 차가운 하늘에 닿았네
동구가 어둑해지면 늘 학이 깃들고
바람이 서리면 물결소리 낸다네

長木嶝	장목등
長松含晩翠	장송함만취
高峀逼霄寒	고수핍소한
洞暝常巢鶴	동명상소학
風蟠剩聽瀾	풍반잉청란

장목등은 제월당 뒤 쪽 고개이름으로, 당시에는 이 고개 언덕으로도 소쇄원에 진입하였다.

만취晩翠 : 늦게 푸르러가 아니고 겨울에도 늘 푸르러 라는 뜻이다.

소한霄寒 : 한寒은 겨울을 뜻한다. 소霄는 하늘이다. 겨울 하늘을 말한다.

풍반風蟠 : 반蟠은 서릴 반. 감돌다, 두른다는 뜻이다. 바람이 서리다.

소쇄원 30영 중 제19영

옹정봉

우암이 일찍이 붓을 휘둘러서
이 산은 비로소 이름이 정해졌네
두터운 정은 사물을 빛내나니
우람하게 기운 모여 더욱 빼어났네

瓮井峰	옹정봉
尤老曾揮筆	우로증휘필
玆山始定名	자산시정명
厚深宜澤物	후심의택물
磅礴更鍾英	방박경종영

옹정봉은 소쇄원 북쪽으로 소쇄원 외원에서 제일 높은 고산鼓山의 산봉우리이다. 우로尤老는 우암 송시열을 말하는데, 우암이 옹정봉이라는 이름을 정했다고 한다.

택물澤物 : 남에게 은혜를 베푸는 것으로, 여기서는 산이 그렇다는 뜻이다. 산은 바람을 막아주고, 물을 만들어 주고, 땔나무를 제공하는 은혜로운 존재이기 때문이다.

방박磅礴 : 광대하고 우람하다는 뜻이다. 높고 넓다는 뜻으로도 쓰인다.

종영鍾英 : 매우 우수하다는 말이다. 종鍾은 술병, 술항아리인데, 모으다, 모이다의 뜻으로도 쓰인다.

소쇄원 30영 중 제20영

통사곡

이발은 일찍이 벼슬을 사양하고
엄릉은 임금을 섬기지 않았다네
몸은 비록 암혈에 숨어 있었지만
오히려 하늘을 움직이는 글을 남겼지

通仕谷	통사곡
李渤曾辭爵	이발증사작
嚴陵不事君	엄릉불사군
身雖巖穴隱	신수암혈은
猶自動乾文	유자동건문

통사通仕라는 말은 벼슬길에 오른다는 뜻이다. 통사곡은 소쇄원 뒤에 있는 세 골짜기 가운데 하나이다.

이발李渤 : 중국 당나라 낙양사람으로 호는 소실산인小室山人이다. 성품이 강직하여 직간을 잘하였다고 한다.

엄릉嚴陵 : 후한의 엄광嚴光. 자는 자릉子陵으로 흔히 엄자릉이라고 하였다.

진사록

청산의 경치에 누워 지내느라
언제나 관직에 들어가지 않았네
어찌 벼슬생활로 누를 끼치겠나
다시 돌아와 자연에 묻혀 살 뿐

進賜麓	진사록
偃蹇青山色	언건청산색
常時不入官	상시불입관
如何簪組累	여하잠조루
還復在雲巒	환복재운만

진사는 '나리'라는 말이다. 우리나라에서는 흔히 당상관을 영감, 당하관을 나리라고 불렀다. 록麓은 산기슭을 뜻한다. 진사면 관직에 들어가야 하는데, 그렇지 않고 언제나 청산에 누워 있다는 뜻이다.

언건偃蹇 : 쓰러질 언, 절뚝거릴 건. 누워 있다는 뜻이다.

잠조簪組 : 관에 꽂는 비녀와 관복의 띠이다. 벼슬아치, 관리를 말한다.

운만雲巒 : 구름 낀 산, 즉 자연 속이라는 뜻이다.

소쇄원 30영 중 제22영

봉황암

백옥 같은 굴에다 둥지를 만들고
예천의 여울물을 쏟아 부으며
밤마다 서왕모를 찾아와서는
자줏빛 봉황의 소식을 전한다지

鳳凰巖 봉황암

龕戍白玉窟	김싱백옥굴
中瀉醴泉湍	중사예천단
夜夜來西母	야야래서모
應驂紫鳳翰	응참자봉한

봉황암은 소쇄원 뒤편 산에 있는 봉황바위를 가리키는 것이다.

감龕 : 불상이나 신주를 모셔두는 석실石室이나 작은 집을 말한다. 벽면을 오목하게 파서 만든 작은 공간을 이르기도 한다. 작은 굴이나 방을 두루 일컫는다.

서모西母 : 서왕모, 신화에 나오는 옛날 중국의 서쪽에 있었다는 선녀의 이름이다.

자봉紫鳳 : 전설상의 신조神鳥이다. 옷에 그려진 봉황새 무늬를 이르기도 한다. 서왕모는 봉황을 타고 다닌다고 한다.

소쇄원 30영 중 제23영

가자등

품계는 공후와 견줄 만하고
존귀함은 태화산과 비슷하다
부끄러워라 오대부 소나무를 벌여
일찍이 여씨 아이 몸을 덮어주다니

加資嶝	가자등
秩是公侯等	질시공후등
尊堪太華倫	존감태화륜
羞從五松列	수종오송렬
曾庇呂兒身	증비여아신

가자加資는 재물, 밑천, 자본 등이 더하여진다는 뜻이다. 고암동의 동쪽 언덕으로, 보통 가재등이라고 불렀다.

태화太華 : 오악의 하나로 중국 섬서성에 있는 높은 산이다. 륜倫은 인륜, 무리라는 뜻이다.

오송五松 : 진시황이 태산에 올라 봉선제를 지내고 내려오다 벼락에 맞아 죽을 뻔한 걸 구해준(비를 피하게 해 준) 소나무여서 오대부五大夫에 봉하였다는 소나무를 가리킨다.

여아신呂兒身 : 여아신은 진시황의 몸이라는 말이다. 여씨는 진나라의 재상 여불위呂不韋로 그의 아이는 진시황을 가리키는데, 진시황은 여불위의 아들이었다고 하는 설이 있다.

소쇄원 30영 중 제24영

고암동

우 임금의 도끼가 떨어진 후
주나라의 시는 찬술되었네
촉나라 오동나무로 쳐 울리니
이 말을 어찌 헛되다 하리

鼓巖洞	고암동
禹斧搥隳後	우부추휴후
周詩撰刻餘	주시찬각여
蜀桐撞卽應	촉동당즉응
此語豈云虛	차어기운허

고암동은 북바위골이라고도 하며 소쇄원 세 골짜기 가운데 하나이다. 그 곳에 큰 바위(북바위)가 있고 동굴(고암동굴)이 있는데, 고암 양자징의 독서처라고 전한다. 이 시는 그 북바위의 위용을 고사에 빗대어 그린 것이다.

우부禹斧 : 우 임금이 가지고 있던 도끼를 말한다. 우 임금이 천하 하천河川의 물길을 다스릴 적에, 이 도끼로 용문산龍門山을 끊어 물길이 통하게 하였다고 하며, 중국 전체를 구주九州로 나누어 다스렸다고 한다. 천하의 물길이 바로잡힌다는 말이다.

촉동蜀桐 : 촉蜀지방의 오동나무로, 이 나무로 북을 만들면 소리가 멀리까지 울린다고 한다.

소쇄원 30영 중 제25영

영지동

지초는 깊은 골짜기에 숨어 있는데
고기잡이 배는 근원을 알 수 없었네
옛부터 이곳은 별천지이니
한나라 황원에서 맘껏 살아볼까

靈芝洞	영지동
芝草藏深谷	지초장심곡
漁舟不識源	어주불식원
從來別天地	종래별천지
高臥漢黃園	고와한황원

지초芝草 즉 영지는 전설상의 선초仙草인데 걸출한 인재를 가리키기도 한다. 영지동은 고암동의 동쪽 골짜기이며 무릉도원 같은 곳이다. 이곳에서 바라보는 무등산의 경관이 매우 빼어나다.

어주漁舟 : 고깃배. 무릉 사람으로 고기잡이를 업으로 하는 사람의 배이다. 무릉도원을 찾는 사람을 가리키는데, 도연명의 「도화원기」에 나오는 말이다.

한황원漢黃園 : 한 나라의 원림인 황원이다. 봉래현의 동쪽에 있는데, 꽃과 나무가 아름다웠다고 한다. 선경을 가리킬 때 쓰는데, 여기서는 소쇄원 영지동을 말한다.

소쇄원 30영 중 제26영

장자담

기이한 바위 평평하여 앉을 만해
밤이 다하도록 깊은 못을 굽어보네
호濠위에서 물고기 보던 그때의 뜻
어찌 알겠는가 내가 기억이 없는 줄

莊子潭	장자담
奇巖平可坐	기암평가좌
終夕俯深潭	종석부심담
濠上當年意	호상당년의
安知我未諳	안지아미암

장자담은 소쇄원 내원에서 위로쪽 산 쪽으로 약 100m 정도 떨어진 곳에 위치한다. 소쇄원 외원의 세 개의 골짜기인 북바위골, 산리동, 통사곡을 통하여 물이 장자담 부근에 모였다가 내원으로 흘러 들어와 소쇄원 물줄기와 폭포를 형성한다.

호상濠上 : 호수 가이다. 깨달은 바가 있어서 스스로 그 속에서 즐거움을 느끼는 것을 말한다. 장자와 혜자가 호수濠水 가를 거닐며 물고기의 즐거움에 대하여 토론한 데서 유래하였다. 장자담이어서 한 말이다.

한벽산

푸른 산은 구름 사이로 솟아나고
차가운 물은 바다 위로 흐른다
때때로 산 위에 올라 바라보면
형세가 공동산을 압도하려 하네

寒碧山　　　한벽산

碧聳雲間出　　벽용운간출
寒臨海上通　　한림해상통
時時一登眺　　시시일등조
勢欲壓崆峒　　세욕압공동

한벽산은 소쇄원 아래로 무등산 방향에 있는 작은 안산이다.

벽용碧聳 : 푸를 벽碧, 솟을 용聳이다. 한벽산 푸른 산이 솟아 있다는 뜻이다.

공동崆峒 : 산 이름으로 황제가 광성자廣成子에게 도를 물은 곳이라고 한다. 도인이 사는 산을 이른다.

소쇄원 30영 중 제28영

오암정

거북의 머리가 경액을 토해내니
거듭 움켜쥐며 신선이 되고자 하네
이곳이 무릉의 근처인가
노을빛이 샘 밑까지 비치네

鰲巖井	오암정
鰲頭吐瓊液	오두토경액
再掬欲成仙	재국욕성선
疑是武陵近	의시무릉근
霞光井底天	하광정저천

소쇄원의 오곡문 근처에 있는 우물이다. 오암이라는 바위 밑에 우물이 있어서 오암정이라는 이름으로 불린다.

토경액吐瓊液 : 거북의 머리가 경액瓊液을 토해낸다는 것으로 거북의 머리에서 물이 나오는 것을 말한다. 경액은 도교에서 이르는 옥액玉液으로, 복용하면 장수한다고 한다.

재국再掬 : 거듭 움켜쥐어 마신다는 말이다.

소쇄원 30영 중 제29영

바리봉

이제는 어딜 가든지 두렵지 않아
오직 이 봉우리에 머물 뿐
때로는 바리때 물을 휘 뿌려서
연못의 늙은 용을 일깨웠으면

鉢裏峰	바리봉
無畏今何往	무외금하왕
惟應住此峰	유응주차봉
有時揮鉢水	유시휘발수
喚起老湫龍	환기노추룡

소쇄원 주차장 서쪽의 작은 봉우리이며 바리때를 엎어놓은 모습이라 하여 바리봉이라 한다. 발리鉢裏는 바리라고도 하는 승려들의 밥그릇, 즉 바리때이다. 그렇게 생긴 모습을 가리키는 말이다.

노추룡老湫龍 : 추湫는 늪, 연못이다. 연못의 늙은 용이라는 말이다.

소쇄원 30영 중 제30영

황금정

예부터 단사의 우물이 있었는데
이제 푸른 들판에서 보는구나
샛밥 먹고 누정 위에 누우니
황홀하여라 큰 바다 동쪽을 밟은 듯하네

黃金亭	황금정
古有丹砂井	고유단사정
今看綠野中	금간녹야중
一餐亭上臥	일찬정상와
恍躡大瀛東	황섭대영동

황금정은 소쇄원 주차장 부근에 있었던 우물가의 누정으로 여겨진다. 「소쇄원도」에도 황금정이 원림 입구 시작점 부근에 그려져 있다.

단사丹砂 : 단사는 주사朱砂 또는 단약丹藥으로 먹으면 죽지 않고 오래 산다는, 신선이 만든 영약이다. 단사정은 전설상의 우물로 이 물을 마시면 장수한다고 한다.

대영大瀛 : 큰 바다. 영주瀛洲는 삼신산의 하나로 신선이 사는 전설의 산이다.

* 이하곤(李夏坤, 1677~1724)

소쇄원에 쓰다

서봉사 저녁 종소리 은은하게 들려올 때
소쇄원에서 지팡이 짚고 천천히 걷고 있네
바위 아래 폭포에는 솔 그림자 비치고
대밭 속 연못으로 샘물소리 들어가네
연옹의 자취는 빈 뜰 풀에 묻혔고
옛 담장 담로의 시에는 이끼가 끼어 있네
선비들의 풍류가 모두 다 적막하니
차가운 산에 홀로 서서 쓸쓸하기만

題瀟灑園	제소쇄원
瑞峯寺裏聞鍾晚	서봉사리문종만
瀟灑園中拄杖遲	소쇄원중주장지
松色常陰巖下瀑	송색상음암하폭
泉聲遠入竹間池	천성원입죽간지
空庭草沒淵翁迹	공정초몰연옹적
古壁苔侵湛老詩	고벽태침담노시
先輩風流俱寂寞	선배풍류구적막
寒山獨立自生悲	한산독립자생비

서봉사瑞峯寺 : 무등산에 있는 절로 소쇄원에서 멀지 않아 소쇄원가의 후손들이나 지역의 문인들이 자주 찾았다. 방암 양경지는 서봉사에서 40여 수 가량의 시문을 남기기도 하였다. 서봉사의 종소리는 소쇄원의 저녁에 늘 들려오는 소리였던 것 같다. 일찍이 면앙정 송순도 그의 소쇄원 시에서 '구름 밖 저녁종소리 은은하게 들려오네/ 雲外暮鐘微' 라고 하였다.

연옹淵翁 : 삼연 김창흡을 말한다.

담로湛老 : 담재 김인후를 말한다.

이하곤의 호는 담헌澹軒 본관은 경주이다. 1708년 진사에 급제하였으나 벼슬에는 뜻이 없어 일찍 고향 진천으로 내려가 학문과 서화에 힘썼다. 특히 그는 만권당이라는 서고를 만들어 서책을 수집하고 독서에 열중하였다. 아울러 여행을 즐겼으며 불교에도 관심이 깊어 사찰과 암자를 찾아다니기도 했다. 문집으로 『두타초頭陀草』가 남아 있다.

또 강진에 유배 와 있던 장인 송상기를 찾아오면서 남쪽 지방을 여행하고 기록으로 남긴 「남유록」이 있다. 이는 16세기 고경명이 쓴 「유서석록遊瑞石錄」과 함께 소쇄원의 초기 모습과 중기 모습을 비교해볼 수 있는 좋은 자료이다. 이하곤의 남유는 1722년 10월부터 12월 중순까지 일정이었는데, 이곳에서의 여행노정은 '동복-적벽-물염정-서봉사-소쇄원-환벽당-식영정-창평현'의 순서였다. 그가 소쇄원에 왔을 때는 양익룡이 지키고 있었는데, 그는 상중이어서 족제族弟를 시켜 맞아들게 하였고, 양경지와 양채지가 곧 왔다고 하였다.

* 김춘택(金春澤, 1670~1717)

소쇄원

소쇄는 비단 산수만을 가리키는 건 아니니
모름지기 소쇄한 마음을 알아야 하지
흰 구름은 아득하게 지나가고
높은 나무는 무성하여 그늘이 진다네
내가 잘못되었을 때 방문하여 왔기에
시를 가지고 서로 함께 읊을 수밖에
강담江潭이 상재桑梓와 막혀 있으니
언제나 저물 때면 돌아가는 새가 부럽다네

瀟灑園	소쇄원
瀟灑非山水	소쇄비산수
須知瀟灑心	수지소쇄심
白雲殊渺渺	백운수묘묘
高木自陰陰	고목자음음
誤矣來相訪	오의내상방
聊將詩共吟	요장시공음
江潭限桑梓	강담한상재
長羡暮歸禽	장선모귀금

이 시의 원제는 「소쇄원 시를 차운하여 양군택에게 주다. 임진년/ 次瀟灑園韻贈梁君擇, 壬辰」이다. 1712년에 지은 시이다. 이 시는 소쇄원의 군택 양채지가 김춘택이 유배 중이었던 취산(임피현)에 찾아 갔을 때 김춘택이 지어 준 두 수 가운데 한 수이다.

강담江潭 : 강과 호수, 여기서는 유배지를 말한다.

상재桑梓 : 고향이라는 뜻이다. 옛날에는 뽕나무와 가래나무를 집 주위에 심어 자손들이 조상을 생각하게 했다고 한다.

김춘택은 호가 북헌北軒으로 종조부가 서포 김만중金萬重으로 그에게 문장을 배웠다. 서인·노론의 중심가문에 속하였으므로 항상 정쟁 속에 있었기에 여러 차례 투옥, 유배되기도 하였다.

시문에 뛰어났으며 김만중의 소설 「구운몽九雲夢」과 「사씨남정기謝氏南征記」를 한문으로 번역하기도 하였고, 글씨에도 뛰어났다. 저서로 『북헌집』『만필漫筆』 등이 있다.

* 정민하(鄭敏河, 1671~1754)

소쇄원

광풍각 위에서 즐겁게 보내는데
대나무 소나무 사이로 폭포 날리네
제월헌에서 서성이다 취한 듯 꿈을 꾸니
온 원園이 소쇄하여 잠자리에도 가을이 드네

瀟灑園	소쇄원
光風閣上作淸遊	광풍각상작청유
苦竹盤松覆瀑流	고죽반송복폭류
徙倚霽軒成醉夢	사의제헌성취몽
一園瀟灑枕生秋	일원소쇄침생추

이 시의 원제는 「소쇄원 운을 차하다/ 次瀟灑園韻」이다. 이는 『소쇄원 제명록』에 쓰인 조경망의 「소쇄원 제명록」시를 차운한 시이다.

제헌霽軒 : 소쇄원 제월당을 말한 것이다.

침생枕生 : 베갯머리, 즉 머리맡이라는 뜻이다. 잠자리이다.

정민하의 호는 소은簫隱이고, 본관은 연일延日이다. 송강 정철의 5대손이다. 일찍이 향리에 묻혀 학문에 진력하였다. 1717년(숙종 43)에는 소두疏頭로서 전라도 유생을 이끌고 상경하여 송시열·송준길의 문묘배향을 상소하기도 하였다. 1746년(영조 22) 학행으로 관찰사와 암행어사의 천거를 받아 경기전 참봉에 임명되었으나 사퇴하고 나아가지 않았다.

80세에 노인직으로 오위장·동지중추부사가 되었다. 전라남도 창평의 지곡사智谷祠에 배향되어 있다. 문집으로 『소은유고』에 230여 수의 시가 있는데, 특히 김창흡과의 화답시가 유명하였다.

* 양채지(梁釆之, 1679~1738)

광풍각 중수 상량시

여보게들, 들보를 동東으로 밀세
우리 선조의 연원은 정암이라네
땅은 차마 묵히지 못하고 산도 버리지 못하니
남기신 터전에서 유풍流風을 더듬어 보세

光風閣重修上樑詩　광풍각 중수상량시

兒郞偉 抛樑東	아랑위 포량동
吾祖淵源自靜翁	오조연원자정옹
地不忍荒山不廢	지불인황산불폐
却從遺址溯流風	각종유지소유풍

이 「광풍각 중수상량시」는 정유丁酉 1717년에 지어졌는데, 상량시 형식으로 6수 가운데 첫 수이다. 이때 광풍각이 중수되었음을 알려주는데, 삼연 김창흡의 방문을 준비하여 지어졌다는 기록도 있다. 『소쇄원사실』에 양채지의 작품으로는 이 상량시만 실려 있다.

아랑위兒郎偉 : 젊은 사람을 뜻하는 아랑兒郎의 복수형으로, 상량문에서 도목수都木手가 장인匠人들을 함께 부를 때 상투적으로 쓰는 표현이다. '여보게들, 젊은 사람들이여'라는 의미이다.

정옹靜翁 : 정암 조광조趙光祖를 가리킨다.

양채지의 호는 죽은竹隱으로 인재 양진태의 아들이며 방암 양경지의 사촌이다. 양채지도 부친인 인재공을 따라서 소쇄원 일에 매우 열심이었다. 그는 1711년 취산에 적거 중인 김춘택을 찾아가 「서소쇄원사실후書瀟灑園事實後」를 받아왔다. 김춘택은 이때 「차소쇄원운증양군택次瀟灑園韻贈梁君擇」시 두 수도 함께 지어 주었다.

양채지에 대해서는 아쉽게도 현재 문집이 남아 있지 않아 자세한 행적은 알 수 없지만, 양경지의 『방암유고』등을 통해서 추정해볼 수 있다. 이 문집에는 양경지가 양채지의 운에 차운하거나 지어준 시가 많이 실려 있다.

* 송병선(宋秉璿, 1836~1905)

소쇄원

대숲 깊숙이 들어서니 그윽하고 아름다워
솔은 오래되고 꽃도 향기롭게 물가에 둘러있네
한없이 넓은 제월당과 광풍각의 밤에
앞 사람의 맑은 뜻 생각하게 만드네

瀟灑園	소쇄원
竹間深入境幽佳	죽간심입경유가
松老花香遶澗崖	송로화향요간애
無邊霽月光風夕	무변제월광풍석
想得前人灑落懷	상득전인쇄락회

이 시는 '삼가 하서의 시에 차운하다/ 謹次河西韻'라고 되어 있는데, 바로 하서 김인후의 「소쇄원에 드리다/ 奉呈瀟灑園」라는 시에 차운한 것이다. 하서의 이 시에는 후대의 많은 차운시가 있다. 연재 송병선이 1869년에 소쇄원을 방문하고 지은 시이다.

간애澗崖 : 소쇄원의 물가 언덕을 말한다. 당시에도 소나무와 꽃나무들이 심어져 있었음을 알 수 있다.

무변無邊 : 끝이 없다. 한없이 넓다는 뜻이다. 바람과 달은 그 미치는 곳이 한없이 넓기에 이른 말이다.

송병선의 호는 연재淵齋, 본관은 은진이다. 송시열의 후손으로, 회덕에서 태어났다. 송달수에게 수학하였고, 동생 심석재 송병순과 함께 구한말 절의와 학문으로 이름이 높았다. 전라도에도 그의 문인이 많아 그가 유람을 할 때면 많은 이들이 뒤를 따랐다고 전한다. 유고에 『연재선생문집』이 있다. 전라도를 여행한 많은 기록들이 있는데, 그 가운데는 무등산을 오른 「유서석산기」도 남아 있다.

* 김만식(金晩植, 1845~1922)

소쇄원

박산화로 따뜻하게 연기 피어오르는데
야사에서 비로소 만나니 흥취 날아갈 듯
좋은 건 서리 내린 후 국화 보는 것이지만
가을되어 제비들 돌아가니 아쉽기만 하네
시와 술로 약속하니 이웃이 서로 따르지만
공명은 이루지 못하였으니 세상과는 어긋났지
긴 밤 심지 자르며 자주 그림자 돌아보는데
그 누가 남국의 한 선비 가련하다 하는가

瀟灑園	소쇄원
博山爐暖篆香圍	박산로난전향위
野舍初逢興欲飛	야사초봉흥욕비
最愛寒花霜後見	최애한화상후견
堪嘆秋序鷰同歸	감탄추서연동귀
詩樽有約鄰相逐	시준유약인상축
書釰無成世與違	서일무성세여위
永夜剔燈頻顧影	영야척등빈고영
誰憐南國一儒衣	수련남국일유의

이 시는 늦가을 소쇄원 모임에서 시를 짓고 술을 마시며 일어난 흥취를 읊은 것이다.

박산로博山爐 : 화로의 덮개 위에 전설상의 산인 박산의 모양을 조형한 향로이다.

전향篆香 : 향로에 피어나는 연기를 말한다. 구불구불 피어오르는 연기모양이 전서 같다고 하여 붙여진 이름이다.

야사野舍 : 여기서는 소쇄원을 말한다.

김만식의 호는 난실蘭室, 본관은 광산이다. 김덕령의 후손으로 충효리에서 태어나서 환벽당 옆에 취가정醉歌亭을 세우고 그곳에서 소요하였다. 주변의 누정들에 대한 많은 시를 남기고 있다. 문집으로 『난실유고』가 있다.

* 정운오(鄭雲五, 1846~1920)

소쇄원 가을날

숲속 길 입구에는 고송이 빗장 지르고
골짜기 물 다퉈 울리며 나를 놀라게 하네
비탈진 나무 그늘엔 찬비가 내리고
높은 담장 밝은 곳엔 석양빛 걸린다지
병든 몸 허리띠 고쳐 두르니 여위어서 가엾고
짧은 머리에 관을 쓰니 흘러내려 놀라네
다행히도 명원이 거처와 가까워서
지팡이 짚신으로 밤에도 서로 다닐만하네

瀟灑園 秋日	소쇄원 추일
林端路入古松扃	임단로입고송상
磵溜爭鳴駭客聽	간류쟁명해객청
崖樹陰邊寒雨逗	애수음변한우두
巖墻明處晩暉停	암장명처만휘정
病軀移帶憐初瘦	병구이대련초수
短髮承冠訝自零	단발승관아자령
賴是名園居隔近	뇌시명원거격근
笻鞋無礙夜相經	공혜무애야상경

이 시의 원제는 「소쇄원에서 가을에 소송 정옹 재건과 함께 짓다/ 瀟灑園秋日, 與小松鄭翁在健共賦」이다. 소송 정재건(鄭在健, 1843~1910)은 송강 정철의 8세손으로 사헌부 지평 등을 지냈다. 한일합병 당시 유서를 남기고 자결하였다.

암장巖墻 : 위험한 담장이다. 여기서는 높은 담장이라는 뜻으로 쓰였다.

이대移帶 : 허리가 가늘어지니 허리띠를 자주 옮긴다, 고쳐 맨다는 뜻이다.

공혜笻鞋 : 지팡이와 짚신. 여행길을 말하기도 한다.

정운오의 호는 벽서碧棲이다. 담양 창평에서 태어났으며, 정철의 12세손이다. 지실마을의 계당에 거주하였는데, 소쇄원가와 밀접한 관련을 맺고 있었다. 당시 지역의 대표적인 문인이었으며, 유집으로 『벽서유고』가 있다. 이 안에는 소쇄원 관련 시가 8수 가량 실려 있다.

* 정운오(鄭雲五, 1846~1920)

소쇄원 초저녁에

만남에 어찌 기약 있으며 이별은 또 어떠한가
하물며 또 원림과 인접하여 살고 있는데
길가의 풀 향기 향기로운 베 짜 놓은 듯
뜰에는 오동 잎 자라 매끈한 글씨 쓸 만하네
연잎 옷 좁고 얇아 무릎 바로 하지 못하고
쑥대머리 세고 빠져 빗도 사용 못 하지만
볶은 죽순 삶은 미나리는 맛있게 느껴지니
이 시절에 고기 없음을 한탄할 필요 없다지

瀟灑園 初更	소쇄원 초경
逢何有約別何如	봉하유약별하여
況復林園接社居	황부림원접사거
蹊草散香薰似織	혜초산향훈사직
庭梧抽葉潤堪書	정오추엽윤감서
荷衣窄薄偏齊膝	하의착박편제슬
蓬髮凋零不用梳	봉발조령불용소
燒笋煮芹當晩食	소순자근당만식
不須時節歎無魚	불수시절탄무어

이 시의 원제는 「소쇄원 초저녁에, 생질 박달주와 수창하다/ 瀟灑園初更, 酬甥姪朴達柱」이다.

윤감서潤堪書 : 반짝거리는 모습이 글씨라도 쓸 만하다. 오동나무의 잎은 매우 크며, 앞면은 매끈하고, 뒷면은 잔털이 있다. 그 넓고 부드러운 잎에 글씨라도 쓸 수 있다는 뜻이다.

하의荷衣 : 연잎으로 만든 옷, 은자의 옷이다.

만식晩食 : 만식당육晩食當肉을 줄인 말이다. 옛날 은사隱士 안촉顔斶의 '늦게 먹어서 고기와 맞먹게 한다[晩食當肉]'는 말에서 온 것으로, 즉 끼니때가 지난 뒤에 음식을 먹으면 시장함 때문에 아무리 거친 음식도 고기처럼 맛있게 느껴진다 하여 이른 말이다.

* 양재경(梁在慶, 1859~1918)

소쇄원 제월당

푸른 벼랑 옆으로 작은 길 통하다가
가운데 넓게 트여 맑은 마음 일어나네
골짜기는 깊어서 연하가 모여들고
뜰에는 대나무 그늘지게 무성하네
간직하고 닦아온 일 후예가 이으니
옛 현인 읊은 시 품평도 해 보네
노닐며 감상하며 유람하는 날에
나그네에 지저귀는 새소리도 기쁘구나

瀟灑園 霽月堂	소쇄원 제월당
綠崖通小逕	녹애통소경
中豁更淸心	중활갱청심
洞邃煙霞聚	동수연하취
庭空竹樹陰	정공죽수음
藏修來裔述	장수내예술
題品古賢吟	제품고현음
遊賞登臨日	유상등림일
欣聽報客禽	흔청보객금

이 시는 작자가 하서 김인후의 소쇄원 시에 차운한 두 수 가운데 한 수이다.

제품題品 : 품평하는 일. 시제로 평을 하는 일을 말한다.

보객금報客禽 : 보객은 손님이 왔다고 알리는 것이다. 보객금은 손님이 왔음을 알리는 새소리이다.

양재경의 호는 희암希庵이며 본관은 제주이다. 소쇄원가와 같은 집안사람으로 화순 이양면 쌍봉리에서 출생하였다. 기우만·최익현·송병선 등과 교유하였다. 문집으로 『희암유고』가 있고, 쌍봉리 마을 뒷산 대숲 사이에 희암이 건립한 정자 한후정寒後亭이 있다.

* 양종호(梁宗鎬, 1896~1973)

소쇄원 폭포

한 줄기 띠로 쏟아지는 폭포수
희디희어 백옥 같은 정신
뿜어낼 때는 문득 비가 쏟아지듯
부딪칠 때면 바위가 먼저 소리친다네

瀟灑園 瀑布

一紳瀑布水
皓皓玉精神
噴時雨輒和
躅處巖先呻

소쇄원 폭포

일신폭포수
호호옥정신
분시우첩화
촉처암선신

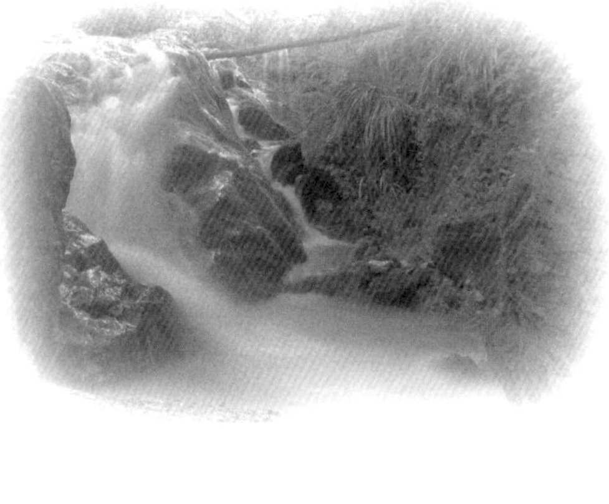

이 시는 소쇄원의 폭포를 읊고 있다. 『석초문집』에 실려 있는 시이다. 소쇄원의 물줄기는 지금은 물의 양이 적어져서 폭포의 시원하고 깨끗한 모습을 느끼기 어려우나 예전에는 산위에서부터 흘러내리는 물이 아주 많아 장관이었던 것 같다. 소쇄원에는 그 물이 정신을 맑게 한다는 시구가 오래도록 이어지고 있다.

일신一紳 : 긴 한줄기 띠를 가리킨다. 시루봉에서부터 소쇄원으로 내려오는 물줄기이다.

정신精神 : 정精은 쌀을 씻고 씻어서 푸르게 만든다는 뜻이 있다. 그렇게 만들어진 기분, 깨끗한 마음이라는 뜻이다.

양종호의 호는 석초石樵이다. 송사 기우만의 문인이며, 소쇄원의 14대 인물이다. 그는 1962년에 소쇄원을 중수하며 「선원중수기先園重修記」를 지어서, 근대 시기 소쇄원의 모습을 그리기도 하였다. 또한 그는 「양씨삼강록」을 남겨서 소쇄원 사람들의 충효열을 기리고, 조상들을 널리 현양하고자 하였다. 문집으로 『석초유집石樵遺集』이 있으며 번역이 되어 있다. 소쇄원 들어가는 마을 왼편에 1925년 무렵부터 석초정사를 지어서 살았다.

* 양종호(梁宗鎬, 1896~1973)

소쇄원 바위 위의 조담과 폭포

조담의 돌절구에서 뿜어내는 찬 물줄기
모아서 영롱하게 작은 폭포 이룬다네
발도 씻고 갓끈도 씻으니 번뇌 사라지고
시 읊고 대작 하니 나그네 시름 풀어지네
못 가 노송은 굽이져서 휘어졌고
누대 서쪽 긴 대나무 무리를 지었구나
구름 노을 속에 물고기 구경하며 새와 벗하니
즐거움 여기 있어 세상일은 침범하지 못 한다네

瀟灑園石上 槽潭瀑布	소쇄원석상 조담폭포
槽潭石臼灑濆寒	조담석구쇄분한
湊合玲瓏小瀑灘	주합영롱소폭탄
濯足濯纓心累去	탁족탁영심루거
宜吟宜酌客情寬	의음의작객정관
潭上老松盤屈團	담상노송반굴단
臺西鉅竹叢尋竿	대서거죽총심간
觀魚侶鳥雲霞裏	관어려조운하리
樂在於斯世不干	낙재어사세불간

소쇄원의 조담과 폭포를 그린 시이다. 계곡의 물줄기는 소쇄원의 상징적인 경치이다. 소쇄원 초기 시에서부터 계속 등장하는 주요 소재였다. 나아가 단순한 물줄기가 아니라 찌든 속세의 때를 씻어내고, 정신을 맑게 하는 매개체 역할을 한다고 생각하였다. 지금은 그 물줄기가 줄었지만 언젠가 폭포처럼 흐르던 소쇄원의 물줄기가 복원되기를 바란다.

주합湊合 : 끌어 모아 하나로 합하는 것이다.

불긴不干 : 침범하시 않는다. 간여하지 않는다. 세상 일 침범하지 않는 원림의 삶을 의미한다.

月
梅
蘭

瀟灑園圖